中韓以外みーんな親日

クールジャパンが世界を席巻中!

酒井 亨

ワニブックス
|PLUS|新書

はじめに

3・11で世界が見た日本の良さ

２０１１年3月11日に発生した東日本大震災は、世界の日本に対する強い同情、共感、称賛を呼び起こした。

同年5月2日までに、国連に加盟する１９１か国のほか、パレスチナ自治政府、台湾、コソボや、約43の国際機関等からの支援の申し入れや見舞いの言葉があった。

未曾有の大きさの災害であることを考慮に入れても、これは支援を申し出た国としては史上最多だったと思われる。また世界で対立や戦争を起こし反感をもたれている米国や中国であれば、これだけの支援を得られたかは疑問である。これは本書のテーマであるが、日本が世界で最も好感をもたれているがゆえのことだと思う。

米国で起こったら冷淡な反応を示したかもしれないキューバやイランなども、日本とは友好的であることもあって、それぞれ指導部があいついで哀悼、見舞いの声明を発表、手厚い支援を行った。また当時カダフィ政権と反政府勢力との内戦が進行中だったリビアでも、多くの市民は自国の内戦よりも日本の被害に関心と同情を寄せた。

世界の国々の中で、最も積極的で手厚い支援を行ったのは、台湾であった。義捐金《ぎえんきん》や様々な支援物資・ボランティア・ケア要員が送られた。このうち義捐金については、日本赤十字社が最後に数字を公表した2011年末時点で200億円を超え、その後の推計では230億円以上に上ったとみられる。

一方、米国からの義捐金も100億円の大台を超えたものの、義捐金最高額の台湾が人口では米国の10分の1以下の2300万人、一人当たりの国民所得も米国の半分程度の年約2万ドル（約160万円）に過ぎないことを考えると、日本にとって最大の同盟国であるはずの米国よりも、台湾からの支援は手厚く、強力だったといえる。

また台湾からの義捐金は、政府からではなく、市民からの小口の募金が中心である点も特徴だった。台湾人の日本に対する思い、親日感情が市民的に広範な広がりを持っていることが示されている。

筆者は当時台湾に在住していた。まるでわがことのように、震災の報道を見て、泣きむせぶ市民も多かった。テレビのニュースチャンネル7局は発生直後から1週間連続で震災のニュースだけを伝え、東北地方のかなりローカルな模様まで伝えていた。新聞各紙も1面から5面くらいまで紙面を割いた。下手をすれば、冷淡な感じがあった関西圏よりも台湾のほうが、被災地に対する関心の度合いが強かったといえる。

英国英語の諺に「a friend in need is a friend indeed」（いざという時の友こそ真の友）があるが、大災害を前に強い友情を示した台湾こそは、まさに日本にとっての真の友であるといえる。これに対して、中国の経済成長とやらに幻惑されてか、日中間で曖昧な態度をとりがちな米国は、本当の同盟国や友人といえるのか、筆者は疑問を感じるところだ。また経済成長を誇る中国からの義捐金額は3億円強でしかなかった。しかも信じられないことに、台湾の義捐金額を自国にも算入するという詭弁をやってのけた。そんな中国は絶対に友人とは呼べまい。

もちろん金額の多寡そのものが問題なのではない。たとえば内戦が続く最貧国の一つ、アフガニスタンからは、カンダハールの市長が5万ドル（約４００万円）の義捐金を送ってくれた。市長は「日本にとっては大した金額でないことはわかっているが、住民の感謝の表れだ」と釈明したものの、カンダハール市民にとっては5万ドルは大金であり、その価値は最高額の台湾を上回るともいえる。

いずれにしても、3・11後に世界中から寄せられた義捐金と人的・物的支援の多さから、日本という国の価値と人気のほどを測ることができると思う。これは災害だったからではない。日本という国が戦後70年近くも謙虚に世界貢献をしてきた結果でもあるのだ。

ところが、日本人の多くは世界から日本が高く評価されていることに気づいていない。特に50~60代のようにバブルを経験してきた世代は、経済成長の数字しか頭にないため、低成長が続く今の日本は落ちぶれたものと思い込み、ネガティブな考え方しかもてない。ところが、それこそ世界を知らないガラパゴスの、偏狭な見方なのだ。

世界の多くの人たちから見たら、今の日本は光り輝いているのである。日本は評価と羨望の対象なのだ。群を抜いているのは台湾であるが、ほかにもインドネシア、マレーシア、タイ、フィリピン、ベトナム、モンゴルにも親日の輪は広がっているし、中東・

アフリカ・中南米などでも、親日感情は強いのである。

本書の作業終盤になって、東京が２０２０年夏季五輪誘致に成功したとのニュースが飛び込んできた。しかも事前の報道よりも大差をつけて。マドリードやイスタンブールと比べて、安全で安定しており、何よりもシステムと実現能力への信頼性が高いことがポイントになったと考えられる。しかも東京はロンドンと比べても交通インフラが整備されており、観客その他の輸送力、街の清潔さなどを含めれば、世界でトップの能力を持った都市なのである。東京五輪決定は、日本人が思っている以上に、世界の日本に対する評価の高さを示したのである。

この本では、世界の若者に広がっている日本の大衆文化に着目して、文化を主体にして、世界の親日ぶりを読み解いていきたい。

世界40カ国以上を回った経験から

筆者自身は２０００年に11年半勤めた共同通信記者を辞め、台湾に移り住んだ。当時台湾は直接選挙による二度目の総統選挙でリベラルで改革志向の民主進歩党（民進党）

が政権交代を果たし、日本よりも進んでいて光り輝いているように見えたからだった。ただその後２００８年の総統選挙で民進党が敗れ、あらゆる意味で守旧的な中国国民党（国民党）が政権に復帰したことから、台湾および台湾人に対してある種の幻滅を感じた。それが日本を再評価し、日本に戻る原因の一つにもなった。

筆者は物心ついたころから、世界の様々な国・地域の文化・言語・歴史に興味を持ってきた。特に語学が好きで、これまでかじったことがある言語は１００を超え、海外旅行も40か国以上を訪れた経験がある。筆者が旅行する際には、観光地を見て回る物見遊山型でなく、必ず現地人をつかまえて話し込むようにしている。とはいえ、筆者がかなり使える外国語は台湾語と北京語（台湾華語）、韓国語（朝鮮語）だけで、それが通じないところではそれほどうまくはない英語を使うしかない。それ以外では、フランス語は読むだけなら何とかできるが、会話は覚束ない。アラビア語、ハンガリー語、ベトナム語、インドネシア語も勉強しているが、年を食ったこともあるのか、一向にはかどらない。

とはいえ世界中を回ると、日頃の語学好き、異文化学習の経験と知識がけっこう役に立つことが多い。いわゆるメジャー（英仏独伊西露中）以外の言語話者は、遠く日本から来た人間が自分たちの言葉で挨拶をし、その国の歴史の概略や主な文学者について話すだけでも喜んでくれる。

いずれにしても、筆者の関心は世界の多くの地域に及んでいる。本書の内容は、筆者の専門であり11年にわたって住んだことがある台湾を主軸として、それに加えてこれまで訪れたことがある欧米・アジア・中東各国における見聞や知識を基盤にしている。

そこで筆者なりに達した結論は、今の日本は決して「失われた20年を経て衰退しつつある国家」なのではなく、世界で最もバランスよく発展し、成熟し、魅力的で、素晴らしい国だということである。もちろん欠点はある。しかしそれを埋め合わせてあまりあるほどの長所と魅力があるのである。

実際に世界の人たちにとってなぜ日本がそれほど魅力的なのだろうか。まずは「世界一親日」といわれる台湾のあり方から理由を探ってみよう。

目次

第1章

台湾人はいつの日本が好きか——今でしょ！

台北駅地下街における日本風の展示

台湾の好感度調査で日本がダントツ1位！

「はじめに」でも触れたように、台湾は親日国家であり、台湾人はきわめて親日的である。これは様々な報道を通じて最近の日本では、ようやく常識となりつつあるといえる。だが、中身や原因については、誤解されているように思える。

とはいえ、台湾人が親日的なことを否定しているのではない。台湾人が親日なのは絶対に否定できない事実である。台湾で実施された各種意識調査を見ると、少なくとも2006年以降、常に日本は「好きな国」のトップで、2位の米国などを大きく引き離している。逆に嫌いな国のトップは中国、2番目は韓国である。特に若者ではこの傾向が強い。

日本の台湾との外交窓口機関「交流協会」は外部機関に委託して2009年から毎年対日意識調査を行っている。最新分は2013年1月に実施、同6月に発表されたが、台湾における「最も好きな国・地域」で「日本」が43％の支持を集めて4回連続でダントツのトップを維持、2位は米国、中国、シンガポール（各7％）となっている。日本は前年度より2ポイントアップ、米中は1ポイント下げた。年代別では20代の54％、30代の50％が日本に好感を持っており、高齢者より若者の親日感情が強い。

だが、台湾では昔から日本が人気トップだったわけではない。筆者の観察では２００0年前後には、日本と米国がおそらく同列1位だったし、１９９０年代以前は米国がトップだったと思われる。つまり今の日本人中高年が「日本が輝いていた黄金時代」などと思い込んで懐かしんでいるバブル時代は、台湾人から見て日本の魅力は米国よりも劣っていたのであり、逆に日本人が日本に自信を失いつつある今のほうが、台湾人には米国よりも日本のほうが魅力的に映っている、という皮肉な現象になっているのである。

筆者がこれまでの著書で分析したように、分岐点はおそらくイラク戦争勃発と日本政府の台湾人に対する観光ビザ免除実施が立て続けにあった２００３年から05年にかけての時期だったと思われる。

正当性がまったくないイラク戦争を引き起こし、外国人の入国を厳しく制限するようになった米国に対する好感度が台湾人の間で（世界中でだが）大幅に低下する一方で、台湾人に門戸を開いた日本に好感を持つ。あまりにも現金でわかりやすい図式だが、背景や原因・理由はそれだけではない。
それを解き明かすために、まず台湾の歴史的背景について考えてみよう。

もともと〝国〟がなかった台湾

台湾の親日とよく対比されるのが、同じように日本の植民地支配を経験している韓国・朝鮮の反日である。

これだけを見れば対照的で正反対のように見えるが、歴史を繙《ひもと》くと、実は台湾と朝鮮の歴史的命運はパラレルになっているのである。そもそも日本統治以前にも、台湾と朝鮮はともに中華帝国の周辺地域で、漢字文化の大きな影響を受けてきた点では同じである。また戦後は、台湾と朝鮮南部（韓国）が日本に代わり事実上の支配者としての米国による圧倒的な統制下に置かれ、近接する共産国家と対峙する最前線軍事国家として、反共主義独裁体制が敷かれた。その後１９８０年代半ばに、ほぼ時を同じくして民主化が本格化し、同じように民主化に成功した。

日本の植民地支配となる経緯にしても、台湾は朝鮮をめぐる日本と清国の覇権争いが台湾割譲という結果を招来し、戦後は戦後で台湾放棄を決めていた米国が、朝鮮戦争勃発で台湾防衛に方針転換している。また最近でも北朝鮮への対処をめぐって米国が中国との間で取引をする際に、台湾がしばしば取引材料として利用され、台湾の利益は犠牲になっているのである。

朝鮮も台湾もいずれも日本と中国（歴史的にはシナというべきだが）の狭間に位置し、近代以降は日米という海洋勢力と、中国という大陸勢力の相克の場となってきた。国際力学の視点から見て、相関関係が高いのはいわば必然であるといえる。

しかしここで大きな違いがある。朝鮮には日本統治時代以前、中華帝国の周辺に位置していた時期には、自立的だったかどうかは別にして曲がりなりにも王朝国家が存在していた。これに対して、台湾は独自の王朝は成立しておらず、さりとて中華帝国が積極的に支配していたわけでもない、いわば曖昧で宙ぶらりんの状態に置かれていた。

さらに日本統治が終結した戦後、朝鮮は南北に分断されたという点では「半国家」ともいうべき状態だといえる。実際、南北朝鮮ともに長年相手方を「傀儡《かいらい》」であると罵ってきた。だが「傀儡」なる用語はプロパガンダ以外の何物でもない。南北朝鮮ともに自民族出身者が政権を構成し、冷戦終結後に南北朝鮮が国連に同時加盟し、国際空間で公的に活動し、国民国家として認定されている。それに対して台湾は、戦後は蔣介石という外来支配者に支配されたが、冷戦終結後に事実上〝台湾人の国家〟として発展したにもかかわらず、国際社会ではいまだに国民国家として認められていない（もっとも、それが一概に悪いとはいえないのだが）。

また朝鮮人にとって日本統治はそれ以前に存在した王朝国家を滅ぼし、戦後できた民族国家とも対置され、否定されるべき過去だが、台湾人にとって日本統治はいまだに続く「外来支配体制」の一つに過ぎず、必ずしも否定すべき過去ではないのだ。

もっとも、今の台湾人や朝鮮人に、何百年にもわたるマクロな視点に立った歴史空間認識があるとは思えない。しかしここではあくまでも学問的なヘリクツとしては、「外来支配の連続である台湾にとって日本もその一つに過ぎず、朝鮮にとっては日本統治とは民族を否定された時期」といえるのである。

台湾人が一番嫌いな国は中国

おそらくこの本の読者には、台湾を中国の一部か、あるいは何か深い関係がある中国の延長部分だと漠然と思っている人が多いことと思う。

ところが、意外に思われるかもしれないが、台湾人が一番嫌いな国は中国である。

もちろん、「台湾人」とは何を指すのかという、いわゆる「アイデンティティ問題」はまだまだ決着がついておらず、台湾住民の間でも世代や出身地や母語によって微妙な違いがある。

だが少なくともこれからを担う20代以下の若い世代について見るならば、ほぼ100%の人が「私は中国人ではなく台湾人であり、中華人民共和国は嫌いだ」と明確に答えるだろう。若い世代は台湾の民主化と事実上の国民国家化とともに成長してきたということもあり、台湾人は台湾人であり、中国人などではないというアイデンティティはほぼ確立している。

であればこそ、台湾を中国の一部だと宣伝し武力威嚇をちらつかせてくる中国に対して、若い世代ほど反感を持つのは当然である。

実際、筆者ももともと中国は好きなほうではなかったが、台湾に滞在したことで、中国に強い嫌悪感を覚えるようになった。

台湾人の歴史感覚は、中国人のそれではなく、中国の歴史とは完全に切り離されている。たとえば、中国人は日本で京都や奈良を見ると決まって「わが国より新しい」などと言いがちである。これに対して台湾人が京都や奈良を見ても「わが国より新しい」などとは決して言わないし思わない。このことによって、台湾人にとっては「中国4000年の歴史」は「自分の国の歴史」ではないことが示されている。台湾を戦後支配した国民党政権は長い間、台湾人を中国人にしようとして、中国の歴史ばかり教えてきた。しかしそれは台湾人には浸透していない。反日思想の注入にも失敗して台湾人は大の親日家になっている。

思えば、日本では左派＝日教組（日本教職員組合）も、右派＝つくる会（新しい歴史教科書をつくる会）も「歴史教育」にこだわり、それぞれが自分の史観と立場で歴史教科書を編纂し、それが自分たちの勢力拡大に役立つと考えているふしがある。だが台湾の国民党独裁時代の反日教育がその後ほとんど影響力を持っていない事実を見れば、「教育」などというものの効果を過大視することは誤っているといえる。

台湾は〝中華圏〟とはいえない

台湾社会に深くコミットせず、表面的な付き合いしかしていないと、台湾や台湾人の特定の習慣や性向を見て、「台湾は中国的」と考える誤りを犯してしまいがちだ。だが、それは単なる素人判断である。日本人が「中国的」と呼ぶものは、東アジアでは日本に存在しないだけのことで、台湾と中国に限らず、アジア全体に普遍的なものだったりする。

たとえばメンツ。これは台湾にも中国にも他のアジアにも存在するし、日本にもある。後述するが、問題はメンツの方向性やあり方が、日本と台湾でも、台湾と中国でも違っていることにある。ところが台湾と中国しか知らない人は日本と台湾との違いだけを見て、台湾と中国が同じはずだと思い込んでしまう。これは一種の「確証バイアス」と呼ぶべき誤った行いだ。

筆者は台湾に住み、台湾語を常用することで台湾社会にも濃密にコミットをしてきた。さらに中国福建省南部にも何度か訪れたことがあり、台湾の南側に位置するフィリピン、北東にある沖縄、それから南シナ海を隔てたベトナムなども訪れて文化や民族性を観察してきた。そのうえで言わせてもらうなら、台湾は多くの人が考えているほど、中華的でも中国的でも、中国に近いわけでもない。

筆者は台湾に11年半住んでいる間に、何度かフィリピンに行ったことがあるが、地理的に隣接したフィリピンで人と付き合う場合の呼吸が台湾人と似ているので、話し合いや交渉をしやすかった。

マレーシアには華人とマレー系がいるが、マレー系が好み、華人が好まない飲料「サルシ」は、台湾人にも好まれており、この点でもマレー系に近い部分が見られる。

またマレー系のインドネシアで日本留学経験者から聞いた話だが、その人は数ある国の中では、台湾に最も親近感を覚え、台湾人の友人が多かったという。一方、中国人は気質的にまったく異なるものを感じ、人間的にも信用できず、友人になれなかったと言っていた。やはり台湾人と中国人の違いは大きいことをマレー系の人たちは気づいているのである。

もちろん台湾は福建や日本の影響も受けているので、純粋にマレー系というわけではない。しかし普通に思われているよりは、台湾人はフィリピン人などのマレー系に近く、福建人とは遠いのである。

もっとも、一般の台湾人は戦後国民党による政治的洗脳の影響もあって、漢民族や華人に属するものと思い込まされており、マレー系のルーツについて自覚している人は少ない。独裁体制の洗脳とはそういうものであるが、それが真実というわけではない。

だからといって、台湾人は中国人と同一に見られることを嫌がる人が多い。また台湾人から見て中国は中国共産党という妙な政党が支配する得体が知れない別世界、という見方も強い。

台湾の南隣のフィリピンもマレー系！

ところで、筆者が最近出した数冊で台湾人のマレー系のルーツについて力説したところ、マレー系というのを「マレーシア」と勘違いしたうえで、「台湾はマレーシアから遠いから関係ない。それをいったら香港のほうが近い」などとブログで反論している人を見かけた。何をいっても台湾を中国に結び付けたいようだ。

これはアジアの地理と歴史に関する基本的な常識と教養の欠如である。この人はフィリピンがマレー系であることも知らないらしい。そもそもマレー系⇒マレーシアではない。台湾のすぐ南隣のフィリピンはマレー系が主体であり、そもそもフィリピンが独立する際に、マレーシアという国名を検討したこともあるくらいだ。

台湾がマレー系をルーツにしていると思いが至らない人に、一つヒントを提供しておきたい。それは「台湾」という地名にしてからが、マレー系原住民族の言語シラヤ語が語源だという点である。シラヤ語は今や死語で資料が少ないので確定できないが、牛の皮の土地、あるいは浜辺という意味だそうだ。

これに対して、他の東アジア諸国であるベトナム、朝鮮、韓国、日本といった地名は、いずれも漢語を基盤にしている。このことからも東アジア漢字文化圏において、台湾は実は最も非中華的・非漢字的なのである。

台北は「たいほく」が正しい

そういえば、イマドキの日本人には台湾の地名を北京語を基盤にした英語経由の音で読む妙な癖が入っている。特に台湾の首府・台北を日本語の「たいほく」でなく、わざわざ北京語起源英語経由の「タイペイ」などと読む人が増えた点は、筆者が大いに義憤を感じるところだ。

台北はもともと台湾語で「タイパク」と読み、「北部台湾の町」という意味がある。これはあくまでも台湾語でつけた地名であって、日本統治時代には日本語読みで「たいほく」と読んだし、日本語としてそれが正しい。それをわざわざ「タイペイ」などと読むのは、スポーツの国際試合（チャイニーズ・タイペイの呼称）もしくは、チケットの英語表記に盲従する旅行業界の悪しき習慣なのだろう。だがそもそも日本語の漢字音に「北」をペイとする読み方は存在しない。これをペイと読みたいなら、すべての漢和辞典にペイという読みを追加しなければならないだろう。英語に引きずられたとしたら、単なる英語崇拝でしかない。

しかも台湾において北京語というのは、戦後国民党政権が持ち込んで強制したものであり、たかだか65年あまりの歴史しかない。もともと台湾語と客家《ハッカ》語と原住民諸語があり、日本統治時代に日本語が共通語となったところに、戦後日本が敗れた後、米軍が国民党を移植したために起こった悲劇である。

そういう経緯を考えるなら、日本人ならばなおさらのこと「タイペイ」などと読むべきではない。台湾にある多様な言語と文化を否定し、抹殺につながるからである。

NHKは「たいほく」を堅持

この点については、NHKは「たいほく」を堅持していており、高く評価できるところである（もっとも一部外注番組はこの限りではないが）。一部右翼勢力はNHKを「左傾親中マスコミ」だとして槍玉にあげることが多い。確かにNHKの偏向は否定するものではないが、糾弾ばかりに走るのではなく、たとえばテレビ局で唯一「たいほく」読みを堅持しているなど良い点も正しく評価すべきではなかろうか？

筆者は大学で学生に対応をしはじめてから教育について考える機会が多いが、戦後の日本社会はどうも教育でも職場でも、とかく「減点主義」で、マイナス面ばかりあげつらう傾向が強いのは問題である。時には誉めたりおだてたりすることも必要である。物事を良くしようと思うなら、基本的にはおだてるのが賢いやり方だ。そもそも糾弾戦術というのは、日本古来の和の精神とは反する行動様式であり、右翼がもともと嫌っているはずの日教組などのスタイルではないのか？

台北を「タイペイ」と読むのも許しがたいが、南部最大の都市・高雄を「カオシュン」などと呼ぶ人がいるに至っては笑止である。これはもともと平埔族（平地原住民族）シラヤ族の支族マカタオ族の集落「タアカウ」社からとられた原住民族語起源の地名である。それを台湾語で「打狗」（ターカウ）と当て字した。

これを日本統治時代の大正9年になって「汚い漢字だ」として無理やり同じ音で京都にもある雅な（?）地名「高雄」の字に変えさせた。同じ年には、台湾の多くの原住民族由来の地名、台湾語3文字地名の漢字が変更させられている。これを見ると、日本統治も罪つくりなことをしたものだと思う。

高雄についていえば、日本が無理やり変えさせた地名をさらに戦後になって国民党政権が、ルーツを無視してそのまま北京語読みしたのが「カオシュン」である。日本の植民地支配が現地文化を否定して当て字を変えたものをさらに北京語で読むのは、二重の意味で台湾固有文化の破壊である。21世紀にもなってこのような横暴な文化抹殺は許されないはずだ。日本人なら台北は「たいほく」、高雄は「たかお」と、正しく読むべきだ。

小さな台湾が大きな中国に勝つ

また、ある人はこういうだろう。「台湾が現状では事実上独立国家であることはわかっている。だが中国が台湾を併合しようとしているし、台湾は中国に比べて小さいので、台湾が独立状態を保つのはしょせん難しいのではないか」と。

しかし単なる地理的大小のイメージで語るのは、あまりにも幼稚な考えだ。そもそも地理的なサイズが小さいから、必ず大きいほうに併合されるというのでは、大国はやりたい放題になるし、その時点で中国にかぶれている以外の何物でもない。小学校の社会科からお勉強をやりなおしたほうがよい。世界史を見ても、台湾と面積があまり変わらないオランダや、さらに小さなヴェネツィアが世界的経済覇権国家となった歴史がある。

現実を見れば、小さいはずの台湾がむしろ大きいはずの中国に影響や脅威を与えている分野もある。それは大衆文化である。

前述したように戦後国民党政権が北京語を持ち込んだせいで台湾人は北京語を公用語として教え込まれている。現在の台湾の北京語（台湾国語、台湾華語）と中国の北京語（普通話）では語法や発音など必ずしも同じではないし、相互に理解できない部分もあるのだが、一応同じ言語と見なしてよいだろう。

誤解しないでもらいたいが、これは台湾に戦後国民党政権によって持ち込まれた中国標準語、いわゆる北京語同士が違ってきているという話である。台湾語と北京語が違うという話ではない。ここで言いたいことは国民党政権が持ち込んで本来は中国大陸と同じだったはずの北京語が、台湾独自の発展で中国の普通話と違ってきているという話である。

筆者は台湾に長らく住み、鍛錬もしてきたので、日常用語である台湾語だけでなく、中国語（北京語）を聞く話すとともに、読み書きもできる。

同じ北京語という点では、中国の普通話の文章や会話もおおよそは理解できる。だが筆者の北京語は台湾仕込みなので、日本の大学教育などで規範や基準となっている中国の普通話をよく理解できないところがある。語法や表現方法、一部語彙などが違っているし、論理の組み立てや展開に至ってはかなり違っている。中国の普通話の文章は共産主義イデオロギーの影響が強く、他人を攻撃する文章などは台湾人ではありえない激越な表現を使うため違和感を覚えることが多い（たとえば批判すべき相手について中国では「その死体を墓場から引きずり出して三百回鞭打ってやりたい」などと書いたりするが、こんな表現は台湾人は考えもしない）。

とはいえ、北京語と完全に異なる台湾語ならともかく、北京語では台湾と中国は大体は通じる。そこで小さな台湾が優位、大きな中国が劣勢に立つという大逆転が生まれる。

台湾大衆文化の威力

中国では台湾の芸能人、ドラマ、音楽が良く知られている。

たとえば、周杰倫、蔡依林、F４（言承旭、呉建豪、朱孝天、周渝民）、王心凌、S・H・E（エス・エイチ・イー）、張惠妹、范曉萱、林依晨、梁文音、郭采潔、楊丞琳、陳綺貞、陳昇、五月天、伍佰、羅志祥、盧廣仲、王力宏、陶喆、バンドではF.I.R.(エフ・アイ・アール)飛兒樂團、飛輪海、旺福、信樂團、達緑、東南アジア華人で台湾で活躍する孫燕姿、梁静茹、光良、曹格である。

また台湾が媒介となって北京語に訳された日本のドラマやアニメや音楽も中国に大量に流れこんでいる。いわば台湾は日本のフンドシを使って、あるいは日本とタッグを組むことによって、独裁体制で文化生産性に乏しい中国を文化的に圧倒しているわけだ。

逆に、中国の文化商品が台湾にどれだけ流れこんでいて、台湾人が中国の芸能人などをどれだけ知っているかというと、ほとんど皆無に等しい。中国のアイドル女優・劉亦菲などは、一部の日本人のほうが知っているくらいで、台湾人はほとんど知らない。現代中国の作家や小説も、外国に亡命した高行健のような中国に批判的なもの以外は知られていない。中国製の文化商品で台湾人が知っているとしたら、テレビの連続歴史ドラマの一部(「大宅門」など)だけだろう。台湾人は中国の芸能人をほとんど知らない。

その理由は簡単だ。現代中国文化にまったく魅力がなく、台湾文化の魅力が強いからだ。

中国が独裁体制で表現の自由に大きな規制があるのに対して、台湾が民主化して思想や表現が多様で自由、創作活動が活発だからである。そして台湾の圧倒的優位、中国の劣勢は、台湾人が北京語で創作して、中国でも理解されてしまうために起こる。

東南アジアにも浸透する台湾大衆文化

台湾の文化的優勢は、中国に対してだけ発揮されているわけではない。中国語およびその地方言語を母語とする人たちの子孫、日本では俗に華僑と呼ばれる、東南アジア華人の間でもここ数年、台湾の影響が強まっているのである。

特に発展段階が高いマレーシアやシンガポールでは、２００８年ごろまでは華人が中国の経済発展に幻惑され、中国に傾斜する傾向があったが、２０１０年ごろからは中国社会の負の側面が認識され、その一方で台湾の大衆文化が流れこんでいることもあって、台湾への親近感が強まっている。

筆者は２０１２年２月マレーシアに滞在していたが、ちょうど台湾の大物歌手・鳳飛飛（フォン・フェイフェイ、台湾語でホン・フイフイ）が死去した。この話題は数紙あるマレーシアの華字紙で1週間近くにわたって大々的に報道された。その一方で、中国社会については批判的な記事が目についた。「中国人個人観光客の台湾旅行が解禁になったが、台湾の観光地では中国人のマナーの悪さから、中国人への批判が強まっている」などという現象をわざわざ記事にしている。数年前だったら、あまりこの手の記事はなかったような気もするが、2012年ごろには明らかに中国離れ、台湾傾斜を起こしている。

福建語とも通じる台湾語で歌う歌手:蔡振南、蕭煌奇、黄乙玲、江蕙、余天、羅時豊らは東南アジアでは知られている。

第4章でも詳述するが、テレビドラマについても、マレーシアやシンガポール、さらにはベトナムやフィリピンでも、いわゆる韓流の韓国ドラマは多いとはいえない。特に華人向けのチャンネルでは台湾ドラマばかり放映している。

これは、台湾文化が福建とマレーの融合体だからかも知れない。マレーシアやシンガポールの華人は血統的にはほぼ純粋に漢民族系が多いとはいえ、マレーシアは多数派がマレー系、シンガポールも周囲をマレーシアとインドネシアというマレー系国家に囲まれていることもあって、華人といえどもマレー系文化の影響を受けて暮らしている。だからこそ台湾のようにマレー系の対人関係が根底に紛れ込み、福建や戦後中国の影響もある文化体系は、非常になじみやすいのだろう。ただし台湾はマレー系が基層で、中華的なものが覆いかぶさったのに対して、マレーシアやシンガポールの華人は中華的な基盤にマレー系の影響を受けているというように、同じ重層といっても、逆方向になっている。

ちなみに日本では台湾大衆文化は「華流」と呼ばれることが多い。これはおかしい。そもそもアジアで愛好されている台湾大衆文化は、言語的には華語（北京語の東南アジアにおける言い方）も多い、台湾語も使われているし、台湾文化の中身も純粋な中華ではなくて、マレー系との混合体だからだ。

いずれにしても、現在多くの人が土地の大小やGDPなどの経済指標だけを見て、小さな台湾が大きな中国に今にものみ込まれるかのような論調に傾くのは、あまりにも一面的だといえる。

経済や人口や土地の大小はそれぞれ社会を見る指標の一つであって、それがすべてではない。だからこそ、一見すると小さな台湾が、いまだに中国にのみ込まれずに奮闘できているのである。

次の章でも述べるように、文化の価値や文化の持つ力は強大である。それは人の心を揺さぶり、染み込むものだからである。経済に目がくらんで人間の持つ様々な側面や営みを見ようとしない最近の風潮は、誤っている。

日本統治は戦後と比べて相対的に良かっただけ

ここで再び台湾にとっての日本統治の話題に戻って、台湾が親日的な理由について考えたい。現在の日本で一般的には「日本統治時代が良かったから、台湾人が懐かしみ慕っているのだ」という説が流布している。

筆者は植民地主義がすべてにおいて間違っていたと言うつもりはない。筆者は世界の様々な地域を歩き、現地の人と対話した結果、特に戦後日本の左翼が流布した一般論で言われているほど、植民地主義を全面否定できるものではないように思う。支配と被支配は支配側が完全に暴力で抑圧したから成り立つという単純なものではない。そこには被支配側が支配側に畏怖なり尊敬の念を持つからこそ成り立つ合理的な要素もある。

　まして奴隷制が普通だった古代ならともかく、曲がりなりにも個人主義や人権意識が台頭した20世紀にあって、植民地を支配する側も敬意なり畏怖の念なりを受けられなければ、反乱が相次いで統治どころではないだろう。

　これに関連して、筆者は何度か訪れ、個人的に思い入れがあるレバノンで衝撃的な経験をした。それは、あるレバノン人が「私たちはフランスの植民地だった。だからフランスが好きだ」と言っていたことだった。

　ここまであっけらかんと言えるかは別としても、インド人やガーナ人やガンビア人らの英国への感情、フィリピン人の米国への感情、ベトナム人やアルジェリア人のフランスへの感情は、アンビバレントではありつつも、心のどこかに旧宗主国への尊敬の念を宿しているものである。

　21世紀の現在になって、植民地支配や帝国主義を正当化できるはずもない。だが形式的な否定論だけで割り切れるものではないことは確かだ。

　その意味では、台湾人が日本の植民地支配を50年も受けたのも、日本に対する一定の尊敬ないし畏怖の念があったからこそだという解釈は可能だ。

しかしここで問題がある。戦後左翼思想の単純な戦前全面否定論も誤りであるのと同様に、尊敬や畏怖の側面「だけ」を強調することもまた誤りと言うしかない。物事は単純ではない。正があれば負もある。光もあれば陰もある。

日本の植民地統治においても、差別や暴力が存在したことは紛れもない事実である。もし自分たちが植民地支配を受けたと仮定すれば、いわゆる親台右翼の人たちほどナイーブに「日本の支配が良かったから」などとはとても言えまい。実際台湾の日本統治を正当化する人ほど、米国の原爆投下や米軍押し付け憲法を問題にする傾向がある。やはり「他人」に支配されるのは気分的にいいものではないのだ。

親台右翼の一方的な見方

日本人の左翼が植民地統治全面否定なら、右翼は全面賛美であるが、これは一見すると正反対のようにみえて、実はともに過去にこだわっている点では同じ穴の狢《むじな》である。

一方で、当の台湾人自身はどうかというと、「昔のことなど、別にどうでもいい」というのが本音だろう。そもそも台湾では日本統治が終わった後70年近く、ほぼ3世代もの間のほうが様々な苦労があったのだから、戦前にこだわっても仕方がないのである。

親台右翼といえば困ったことがある。日本統治時代に関して少しでも批判的な表現が出てくると途端に「親日だと思っていたのに裏切られた」などという短絡的な反応が出てくる点だ。

たとえば、2008年台湾で封切られた「一八九五」という歴史スペクタクル映画がある。製作会社が筆者が懇意にしているところであることから、筆者も日本語言語指導などで映画製作に携わったことがある。映画のプロットは、1895年に日本が日清戦争に勝利し、下関条約で割譲を認められたことから、台湾接収のため軍を進めたとき、台湾中部で抵抗した客家人と、進駐した日本軍双方の心の葛藤を描いた作品である。日本軍には後に文豪となる若き軍医の森林太郎（森鴎外）もいた。

この映画が台湾で公開されようとしたとき、日本のBBS2ちゃんねるの「極東ニュース+」板に「抗日映画公開」という旨のタイトルでスレッドが立てられたのである。この板はもともといわゆるネトウヨ（ネット右翼）や親台右翼が集まり、中国や韓国は必ず罵倒し、台湾を親日と持ち上げる単純な思考の人たちが多いのだが、このスレでは「台湾が反日映画を作るとは、やっぱり中国人と同類」などという的外れな意見が多かった。これには驚いた。

どうやら乙未《いつび》戦争を描いているというだけで、実際の映画を見て検証することもせずに、脊髄反射的に「反日」だと錯覚したようだ。だがこの映画に関わった筆者から見てこの映画は絶対に反日的なものではなかったし、監督自身も「台湾人も日本人も自らの守るべきものに従って戦い、それぞれに苦悩もあった」と、反日どころかむしろ日本に対する愛情に溢れた親日映画だといっていいものだった。

その意味では、台湾人が日本統治初期に日本に抵抗したことも、台湾人が神社参拝や差別政策を苦々しく思っていたことも、是々非々のうち非の部分の指摘をしたからといって反日になるわけではないことを理解する必要がある。

そもそも、台湾人の「親日」は「台湾人にとっての」親日なのであって、日本人のネトウヨの期待する「親日」とは中身や方向性が違って当然である。

そんな台湾が中国と連携するわけがない

ところで、ネトウヨにスタンスが近い産経新聞あたりが、しきりに尖閣問題に対する馬英九政権の対応を取り上げて、まるで台湾が中国と連携しかねないような論調を掲げているが、これも短絡的である。

また、2012年9月に台湾の漁協関係者が漁船を仕立てて尖閣諸島沖で「抗議」を行った際にも、その資金を出したのが、中国と関係がきわめて深い食品グループの「旺旺」だったことをことさら取り上げて「中台連携か」などと煽ったのも産経新聞である。こんな報道は日本、あるいは日台の友好にとってプラスだろうか?

確かに馬政権は反日的であるという一点だけをとれば、中国と近いように見える。だが戦後台湾政治の歴史を知っていれば、反日が北京と直結するわけではないし、国民党や馬英九が、中華人民共和国と連携することなどありえないことがわかるはずである。

そもそも戦後国民党政権が台湾に亡命して生きながらえることができたのは、反共の盟友として米国が後ろ盾となってきたからであり、国民党や馬英九は親中派などではなく、その本質は米国共和党右派の代理人というべきである。

馬英九は反日であっても、いや反日だからこそ親米であり、親米だからこそ反日的なのである。そして米国から見れば、下手な日本政府の媚米派高官よりも、ハーバード留学経験がある馬英九のほうが愛すべき存在なのである。だからこそ米国は尖閣問題で、竹島問題もそうであるように、決して日本の肩を持とうとはしない。米国のそうした狡猾な態度を現代日本の保守派やネトウヨは見抜けないでいる。結局、日本人は国際情勢オンチであり、安保オンチであり、それはサヨクを攻撃する保守派も同じ穴の貉なのである。

もっとも、馬政権による対中融和政策も、米国が認める範囲内での、経済に限定された関係に過ぎない。安保や政治に関わる交流は、注意深く回避されている。東アジアの冷戦構造は健在であり、台湾海峡のこちら側は米国が完全にコントロールしている。米国が安保面での台湾に対する支配力や主導権を中国に引き渡すことなどありえない。

もちろん米国の反共勢力といえども、経済利益で中国に幻惑され、馬政権に中国と連携することを命じる可能性がないわけではない。だがもしそうだとしたら、問題は馬英九のような三下ではなく、米国にあることになる。

反日派を支持した自民党の罪

一部の日本人が本気で中台連携を心配しているのであれば、2008年の反日馬英九の当選、12年の再選を日本が傍観すべきではなかったはずだ。

この点では、民主党よりも自民党および産経新聞の罪は大きいといわねばなるまい。民主党には様々な問題があったことは事実であるが、筆者が台湾政治にコミットしてきた経験からいえば、こと台湾に関しては民主党は親日的な民進党とのパイプが太く、2008年の台湾総統選挙の際も、民進党の選挙事務所を訪ねて激励した中には、民主党の野田佳彦氏や蓮舫（れんほう）氏の姿があった。また仙谷由人氏や枝野幸男氏は民主党内では親台反中派として有名で、民進党と太いパイプを持っていた。ちなみに、2010年の尖閣ビデオ流出問題では、仙谷氏がなぜか〝媚中派〟としてたたかれたが、あれはとんだ濡れ衣だったというべきであろう。仙谷氏は媚中派などでなく、日本の政治家でも中国に最も批判的な一人である（だからといって仙谷氏がすべてよいという意味ではない）。

一方、自民党は昔から国民党とのパイプが太く、麻生太郎氏を中心に馬英九支持に傾いていた（だからといって麻生氏がすべて悪いという意味ではない）。２０１２年台湾総統選挙の際も、自民党筋は「米国の意向も考えて中国と波風を立てない馬政権の現状維持が望ましい」と言っていた。対台湾外交に限定していえば、民進党に好意的な民主党のほうがはるかに愛国的で、馬英九に好意的な自民党のほうが、売国的だったといえるのである。

もっとも、自民党はその名の通り自由で党内民主主義が確立している柔軟な政党なので、すべてが国民党寄りなわけではない。２００４年の台湾総統選挙では、当時の日本の小泉政権は民進党に好意的で、それが民進党の陳水扁再選につながったひとつの原因にもなったといえると思う。また、安倍晋三氏も民進党とのパイプを重視してきたことも事実である。

馬英九の意向で動かない民主主義台湾

また、台湾政府首脳の馬英九が反日的だからといって、今の台湾政府全体が馬英九個人の思想的好みにしたがっていると考えるとしたら、台湾の実情に無理解だといわれても仕方がないだろう。そもそも現在の台湾は民主主義国家である。政府役人は、政権交代で民進党時代も経験しているし、今の台湾人の民意が台湾の独自性重視、中国との距離感、日本への親近感という趨勢にあることを十分承知し、そうした民意にあわせて動いている。今の国民党の中でも思想的にはさらに少数派でしかない馬氏個人の思想など、民主国家台湾の政治運営においては、大きな力を持たないのである。

２００８年と12年の台湾総統選挙では、確かに国民党を選んだ。だが当時、国民党が勝ったことに喜んでいる人は少なく、どこか重苦しい雰囲気が漂っていた。２０００年民進党への初の政権交代を果たした際や２００４年の民進党再勝利の際には、街はもっと喜びに溢れていたので、これは不思議なことだった。国民党を勝たせたのにもかかわらず、それを喜ばない。だが民進党も選ばない。

これは、どうやらこういう理屈のようだ。思想的には民進党が好みなのだが、とくに陳水扁政権時代にはあまりにも斬新、急進的で、対立を煽る政治だったため、民進党の手法に疲れや飽きを感じた。手法としては保守的で穏健な国民党のほうがいい。これが現在の台湾人の最大公約数だと考えられる。それが手法に共感して国民党を選んだくせに、思想的には好きではない国民党の勝利に喜べない原因であろう。

台湾人の好きな日本は「今でしょ！」

台湾人は親日的である。これは紛れもない事実だ。だがそれは決して戦前の植民地統治を全面的に肯定する類のものではないことは以上で明らかになっただろう。

ではいつの日本が好きなのだろうか。この章の最初に紹介した交流協会の調査には、項目別の結果もあるので、台湾の「親日」の中身がわかる。それによると、中高年では「科学技術の発展」、若い世代では「アニメなどのサブカルの魅力」を挙げる人が最も多い。台湾人が好きな日本は昔ではなく、2013年の流行語を使わせてもらうなら、まさに「今でしょ！」、戦中や植民地支配の戦前ではなく、戦後平和で自由な体制で発展した今の日本が好きなのである。

台湾において、日本製品の品質への信頼はきわめて高い。台湾に住んでいた際、気になったのは、台湾の百貨店や家電量販店のＨＤＴＶ陳列コーナーでは、必ずといっていいほど、台湾のチャンネルでなく、ＮＨＫやＢＳ日テレなど、日本の衛星ＨＤテレビチャンネルを放映していたことである。展示品も日本ブランドが多かったのは言うまでもないが、いずれにしても「日本の画質が良い番組も、ごらんの通り、きれいに映りますよ」と言いたいらしかった。

技術、品質への信頼とアニメなどサブカルの魅力。その両者に通底しているものは、戦後の平和と自由民主主義である。

現在の台湾では日本が圧倒的な人気を得ている。一方では、米国の好感度は下落する一方で、中国は最も嫌われている。その理由は、日本が戦争を好まず平和的で、表現も多様で製品の品質も高い。米国は戦争ばかり起こしており、最近の映画はつまらなくなっている。中国にいたっては台湾を併合しようとたくらみ、横暴で好戦的で、しかも魅力あるコンテンツがまったくない。

これは消去法で日本が消極的に選ばれたということではない。平和で自由で魅力的なコンテンツを持った日本が好まれるのには積極的な意味があるのである。台湾の親日はあくまでも戦後日本の価値と成果に対する評価と称賛なのであって、決して戦前の植民地主義や戦争ではないのだ。その点を今の日本人の左翼も右翼もわかっていない。

日本人への特別な配慮と思い

台湾人の様々な国民に対する対応を見ていると、日本人に対する態度と対応は格別の敬意と親近感に満ちている。

それは日本人である筆者が見ているからではない。筆者が日本人であることに気がつかない場合でも、他に日本人がいる場合、あるいは日本人と他国人に同時に対応している場面を観察していると、台湾人は日本人に対して異様なほど気を使うのである。

筆者は日本人グループとともに、ある水利会をたずねたことがある。水利会は、日本統治時代に設立された灌漑事業などを行う組合組織で、日本の農協に相当する。その日その水利会は中国福建省からの団体を接待することが前々から決まっていた。われわれは前日急にアポを入れたので、本来なら後からやってきたわれわれは後回しになってもよかったはずである。しかも相手は福建省であり、台湾人とは母語も共通している。

ところが実際に訪問すると、水利会はさすがに会長は先約の福建の団体を接待していたが、事務局長が福建のほうはキャンセルして日本人の接待に回ったのである。しかもこちらが気を利かして「同じ言葉が通じる福建の人はいいんですか?」と聞いたところ、「別にいいよ」とそっけない反応で、日本人には最大限のもてなしをしてくれた。

そういえば台湾に住んでいたときに聞いた話では、台湾在住が長いスペイン人の通信社記者が、日本人記者たちに「日本人は羨ましい」といつもこぼしていたという。そのスペイン人記者はどんなに長く台湾にいても台湾人には壁を感じていた。一方で、日本人記者の場合、昨日来たばかりで、しかも台湾人が嫌がるはずの北京訛りの北京語で話す人であっても、日本人であるというだけで、台湾人はきわめて丁寧に対応するからである。

またインドネシア人のあるメイドは「台湾人は日本人相手だともみ手で対応する。私たちは見下してこき使うくせに」と台湾人の〝人種差別〟にぼやいていた。もっとも公平のために弁護しておくと、それでも台湾人の人種差別意識は他国に比べて弱いほうである。中東レバノンを訪問した際に、台湾でもメイドをやっていたというフィリピン人は「台湾のほうが良かった」と述懐していた。

私自身も、台湾人は同レベルの社会発展段階の国としては、他民族に対する偏見や差別は少ないほうだと思う。海洋国家であり、外来勢力侵入の連続で、多民族共存があたりまえで、混血も進んでいるからかもしれない。

いずれにせよ、台湾人は日本人には特別慇懃かつ熱心に対応するようだ。しかも聞いたところでは、台湾人にとっては日本人を接待して知り合いになることは、後で知人への自慢の種になるらしい。「俺は先日、日本人の団体を接待して、誰それという人と席が隣で、仲良くなったぞ」とか。

日本を訪れる台湾人についても同じことが言える。台湾人は台湾ではわりと大声で話してガサツな印象だが、日本に来るときわめておとなしく礼儀正しくなる。日本では極力、日本の流儀に合わせて大声で話さず、礼儀正しくしないといけない、と心に決めているかのようだ。

台湾よりも日本のことに詳しい

日本に対する格別な思いは、前述したように、3・11の義捐金の多さや被災地への関心の高さにも表れた。しかも台湾人は日本人から見ればきわめてアバウトなのに日本のことになったら、詳しく調べずにはいられないらしい。義捐金も他国は赤十字経由で一括というのが多かったが、台湾の場合は額が多いだけでなく、ピンポイントでたとえば南三陸町に誰それが何万円送金したとか、福島原発の消火を知ったら東京都消防局の口座を調べてそこに送金するといったように、日本人でもそこまでしないだろうというほど、芸が細かい。

まだ台湾人がこれほど日本大好きになっていなかった2005年の段階でも、筆者は台湾人の知り合いから「今度、三朝温泉に行くがどんなところ?」と聞かれたことがある。筆者は当然のことながら（鳥取人には申し訳ないが）知らないので、答えられなかったが、台湾人は不思議そうな顔をしていた。

また書店には、大河ドラマ「篤姫」やアニメ「戦国BASARA」などの影響で、日本の幕末や戦国時代に関するハウツー本の類がいつも平積みで売られている。

それでいて、台湾人は一部の台湾ナショナリストを除けば、台湾自身の歴史や地理はあまり知らないし、関心も強くない。これは戦後の国民党教育で台湾の歴史や地理が教えられなかったからではない。それをいうなら、日本の歴史や地理も教えられてはいない。もともと教育がどうであろうが関係なく、マレー系の血を受け継ぐ台湾人は、過去のことにはそもそも関心がない。台湾の歴史だけでなく、国民党教育で刷り込まれたはずの中国の歴史にも関心が薄い。

ところが、台湾人は日本のことになると、例外的に異常な関心を示すのである。それがピンポイントで義捐金を送ることだったり、日本の歴史や地理に詳しいことだったりする。これはほかでもなく「日本だから」なのである。

戦後中国から来た外省人も親日

これは、戦後中国からやってきた外省人と呼ばれる人たちも例外ではない。特に若い世代では「親日」が浸透している。日本の一部ネトウヨの間では、馬英九ら一部の外省人が反日的だというイメージから、外省人というと例外なく反日だと決め付けたがる人がいる。半可通もいいところだ。

今の20代以下の外省人はすでに3世や4世になっており、台湾の歴史を考えればとうに土着化し、台湾人となっている。

筆者の知り合いにも外省人3世や4世は多かったが、対日意識は本省人とまったく変わりがない。日本統治時代に導入され、本来は台湾本省人が好むスポーツ種目だった野球も、今の外省人の若い世代には人気がある。

また外省人の20歳前後のアニメオタクに台湾政治について尋ねたところ、民進党も国民党も馬鹿にしており、台湾そのものについてはそれほど関心がないようだった。外省人だからといって父祖の地である中国に関心があるかといえば、それもなく、「中国なんてだめでしょ」の一言でおしまい。そして熱心に語ることといえば、日本のアニメと声優、それから日本の歴史についてであった。

これにはさすがに筆者も台湾の将来のためになんだか心配に思わざるを得なかったが、台湾人の若い世代のかなりの部分がこうした「台湾もどうでもいい。中国なんて問題外。

ただひたすら日本のサブカルと歴史が気になる」人で占められているのである。

日本を基準にする台湾人

現在の台湾人にとっては、日本が模倣や学習すべき基準になっているが、１９９０年代までの台湾は確実に東南アジアの一員で、がさつで猥雑で、ルールを無視する傾向が強かった。たとえば、食堂でスープを頼んだら、十中八九は店の人がスープに指を突っ込んで持ってくる。指摘したら「ん？　熱くないよ？」。しかもそのスープには決まって、調理した人の髪の毛か蚊の死骸が入っていた。ゴキブリもうようよいて、しかもあまり不潔だと思わないが邪魔だということで、家の中にいたらひょいとつまんで、外に出したりしていた。私が気持ち悪がっていたら「ん？　コオロギとかと一緒な虫じゃない？」。

それが２０００年代の後半、親日が圧倒的になって以降は、着実に衛生面や社会秩序に気を配るようになった。

たとえば信号も以前なら車も人間も守らなかったが、今では少なくとも大阪人よりは守る。歩行者信号が赤なら、車が来そうになくても歩行者は青になるまで待っている。

映画を見るときも、以前なら全員がエンドロールを見なかったし、映画館側もエンドロールを途中で切ってしまっていた。ところがこれも日本人の「エンドロールを見てスタッフをチェックすることで、製作者への敬意を示す」という感覚を学んで、現在では日本の映画ならアニメ・実写を問わず、ほぼ全員がエンドロールを最後まで見るようになっている。洋画や台湾映画についても、少なくとも主要キャストはチェックするようになっている。

時間についても、以前はドタキャンが当たり前で、ドタキャンされたほうが「時間が空いた」などと喜ぶという、日本人には信じられない光景が見られたが、今ではドタキャンは滅多にしなくなっている。

もっともいまだに変わらないところもある。忘れっぽいところ、注意力がないところだ。だが、それでもアジアの中ではしっかりしているほうであり、台湾はきわめて日本に近い社会になってきている。

だからだろうか、最近日本の高校で修学旅行先に台湾を選ぶところが増えてきているが、日本の高校生には評判がよい。アニメの話題が通じるし、町並みも感覚的に日本とさほど違和感がなくなっているからである。

日本のサブカルで使われている若者言葉も盛んに台湾に取り入れられている。声優、18禁、腐女子、美肌、新番（新番組）など、本来北京語や台湾語では別の言い方があったものを日本語の漢字をそのまま流用している。また現代日本の若者言葉に感動したことをさして「鳥肌モノ」というものがある。本来の「鳥肌が立つ」は台湾語と北京語でも使われる表現だが、この新たな意味も、現代台湾の若者にちゃっかり取り入れられて盛んに使われている。

台湾の発展を妨害してきた米国の罪

台湾では日本の人気が高まる一方で、米国の好感度は下落し続け、中国は嫌われている。

実際、最近米国および中国が台湾にしていることといえば、かなり酷い。

たとえば、米国は「中国が経済成長している」という幻想と虚構を広めている元凶であるが、そうした虚構にもとづいて、中国を過大評価し、台湾の存在を無視したり、台湾の独自の行動や民主的選択を抑圧しようとする行動が目立つ。

そもそも台湾が1980年代に民主化をはじめたのは、当時の米国レーガン政権の強い意向によるものだが、民主化の結果として2000年に政権交代を果たし、民進党政権が国民投票や独自外交を展開するようになると、米国はそれを執拗に妨害するようになる。それが米国にとって重要な投資先となった中国との間で波風を立てるとの心配のほか、そもそも米国には台湾は単なる属国で、反共連合のコマに過ぎないという意識があるためか、台湾の独自の行動は許しがたかったようである。

現在、その民進党政権時代の総統だった陳水扁は監獄に入っている。その理由は「汚職罪」だということになっている。これも一部の新聞でキャンペーンが張られて、確たる物的証拠もなく、状況証拠だけでフレームアップされて有罪と決め付けられたという感が強い。台湾の司法制度は、民主化後もまだまだ近代化が進んでいないので、日本のように物的証拠が重視されないためでもある。

フレームアップされた原因は、おそらく陳水扁政権が中東や中南米外交で、反米政権とも友好的な関係を築いたこと（レバノンのヒズブッラーとも交流した）、米国の利権が入り込んでいる台湾の金融システムを独自に再編するなど、米国の虎の尾を踏んだためだと思われる。

韓国でも盧《ノ》武《ム》鉉《ヒョン》大統領が退任後、やはり汚職について取りざたされ、「自殺」に追い込まれているが、盧武鉉と陳水扁は在任中に、しばしば背景や政治路線の類似性を比較されてきた。ともに手法が斬新で、米国にとって目の上のタンコブだったためだろう、片や投獄、片や「自殺」となっていることは偶然なこととは思えない。

台湾侵略を企む中国の罪

ところが、そんな米国よりも悪質なのは、もちろん中国である。

そもそも台湾は歴史的、文化的な「シナ」と無関係ではないが、近代国民国家としての中国とはほとんど関係がない。まして中華人民共和国ができてから一度も台湾を統治したことはない。にもかかわらず国共内戦の相手が台湾に逃げ込んだことを奇貨として執拗に「台湾は中国の一部」と主張し、武力行使も辞さない姿勢を貫いている。

これで当の台湾人が中国に帰属したいと思っているならまだしも、台湾人が最も嫌っているのは中国なのだから、中国の主張はナチスドイツのポーランド侵略ばりの侵略覇権主義と変わりない。

しかも中国の悪質なところは、台湾領有の主張が帝国主義に侵略された哀れな過去を清算する正当な行為だという論理をでっち上げ、その主張の正当性を疑わず、その主張を批判するものに「帝国主義者」というレッテルを貼るところである。

だが帝国主義というのは、まさに侵略される側の住民の声に耳を傾けずに一方的に領有を主張し、武力を使ってでも支配しようとすることを言うのだから、中国の主張と態度はまさに帝国主義以外の何物でもないことになる。

日本は台湾と連合体に

ではその台湾人から強い好意と関心を持たれている日本および日本人としては、今後どうやって台湾と対応するべきなのか？

まず日本と台湾の間には、市民社会を基盤にした自由民主主義体制、少子高齢化などの社会問題や課題が共通しており、対等に対話・交流する基盤があるという点を前提にしておきたい。

民主主義や課題の共通性という点では韓国もそうなのだが、韓国は国民国家として確立しているし、最近の政府と中年層にはなぜか対中幻想と対中傾斜が著しいので、若干留保が必要である。やはりここでは台湾が焦点となる。

その意味では、台湾は独自性を保ちつつも、日本とは緩やかな連合体に移行していくのが、両者にとっても最善の姿であろうと思う。

そもそも台湾人の民意は、日本の３・11を経てますます日本への傾斜を強めている。中には日本と一緒になるべきだという声も聞く。

たとえば、こういう例もある。台湾に「閃霊（ソニック）」というその筋では世界的に有名なヘビメタルバンドがある。ボーカルのフレディ・リムは強烈な台湾独立建国論者としても知られているが、近年は台湾独立そのものよりも、日本への傾斜が激しい。

２００８年ごろにはまた右寄りの主張をしている日本のバンドなどともジョイントしたり、さらにはソニックの曲として「皇軍」など日本賛美の曲を発表している。さらに最近の例では、2012年末に世界的なヘビメタのギタリスト、マーティ・フリードマン（日本在住）のプロデュースにより「鉄色クローンX」とのヘビメタバンドが結成された。フレディがボーカルを務め、なんと日本のアイドルグループ「ももいろクローバーZ」の人気楽曲を日本語でカバーしたアルバムを出している。さらに同年の台湾におけるライブでも「猛烈宇宙交響曲・第七楽章『無限の愛』」などを日本語で披露している。2013年9月筆者が台北に行った際、フレディを訪ねて経緯を聞いたところ、2012年にマーティからももクロのカバーアルバムを出したいと打診があり、ちょうどフレディがももクロに興味を持っていたところなので引き受けた、という。

ただ、ここで連合体だとか、一緒になるとかいっても、ただちに日本による国家としての台湾の併合だと勘違いしてはならない。台湾は国際社会では国民国家と認められておらず、中華民国という多少怪しげな形ではあっても、そこには独自の自立した統治システムと法体系があり、民主主義が機能しており、なによりも日本とは文化体系が異なるから、戦前のように日本国家に統合されていいわけがない。そこまで台湾人も望んでいない。

だが、何らかの形での緩やかな連合体という概念と方向性は必要であり、その場合は台湾人は間違いなく日本を選ぶ。中国は完全に問題外である。

緩やかな連合体がどんな形かは現時点では示しようがない。だが将来的にうまくアイデアが出されるならば、それは台湾だけでなく、日本自身が抱えている沖縄やアイヌの問題、さらにはもし将来的に北方領土の全体か部分が「返還」された場合に在住ロシア人との共存をどうするかという問題を考えるうえでも役立つように思える。

なによりも台湾は日本の良さを映し出してくれる鏡であり、日本にとって今後重要となる東南アジアとの結節点でもある。

台湾人が日本に示す強い愛情と関心を無駄にしないためにも、日本人は台湾がプラスの方向に発展できるよう考えていくべきだろう。

第2章

クールジャパンの広がり
——日本の真価は文化力

パリ／ジャパンエキスポ2012会場で

ACGがクールジャパンの核

台湾における「親日」が、戦前の日本統治が良かったというよりも、現在の日本に対する評価であることを見てきた。特に台湾の若者の間では親日（そして反中・嫌米）の気風が強いのだが、その中心にあるのは、アニメ・漫画などのソフトパワーであり、「クール（かっこいい）ジャパン」と呼ばれる現象であり、これは台湾だけでなく世界に広がっている。

世界の若者に特に人気がある日本のアニメ・漫画《コミック》・ゲームは、台湾ではその英語イニシャルを取って「ACG」と総称されている。これにライトノベル（ラノベ）のN、ドラマのDを含めて「ACDGN」とさらに長くすることもある。

クールジャパンといえば、ACGおよびJ-POP・アイドル・ファッションなどのポップカルチャーが主な対象になる。さらに技術力やブランド力がある日本の自動車・オートバイ・電気機器、流通業態、現代の食文化・現代アート・建築・現代文学、さらには武道、伝統的な日本料理・相撲・茶道・華道・日本舞踊など、日本に関するあらゆる事物が対象となりうる。
だが、ここでは世界中の若者に人気があるアニメと漫画に焦点を当てたい。

アジアと欧州で嗜好に差

筆者はこれまで40か国以上を訪ね歩き、クールジャパンの中核部分を占めるアニメ・漫画が全世界的な広がりを見せている模様を観察してきた。もっとも「全世界」とはいうものの、世代的には偏りがあり、主に20代以下に受け入れられているが、中高年にはあまり受容されていない。ちなみに、現在日本政府がクールジャパン推進のために開いている有識者会議の人選を見ると、中高年に偏っており、若者文化をまったく理解していそうもない顔ぶればかりである。さすがは官僚の人選というべきか、結局のところ日本政府全体にクールジャパンをまじめに考える気がない証左である。

それはそうと、地理的近似性というものなのかわからないが、クールジャパンが浸透しているのはあくまでもアジアが主体である。とはいうものの近年は欧州や米州にも急速に広がりつつある。アジアでは台湾、欧州ではフランスが受容の双璧だ。そういえば、

２０１３年７月、ＮＴＴドコモが台湾とフランスでスマホ向けにアニメを配信するサービスを始めることを明らかにしているが、そうした認識があるからなのだろうか。

ただしアジアにおいては、韓国と香港は台湾に引けを取らないし、それからシンガポール、マレーシア、タイなどにも浸透している。漫画本だけならインドネシアでも相当数に上っている。

日本のアニメや漫画は、クールジャパンの象徴・代表だといえる。ただし、具体的にどんなタイトルのものが好まれているか、地域によって好みが分かれているように思える。現在、世界中で高い人気を誇るものは「ワンピース」「ＢＬＥＡＣＨ」「ＮＡＲＵＴＯ」「名探偵コナン」「君に届け」「けいおん！」といったミリオンセラー級のヒット作だ。

１９９０年代には、バスケットボールを描いた「ＳＬＡＭ ＤＵＮＫ（スラムダンク）」、サッカーを描いた「キャプテン翼」の原作漫画およびアニメが世界中で知られた。特に「キャプテン翼」は、これを読んでサッカー選手を志したロナウジーニョ、ジネディーヌ・ジダンなどの例が知られているように、影響は大きい。

欧米とアジアでも差がみられる。アジアでは目についても欧州ではあまり見かけないのが、「ドラえもん」「侵略！　イカ娘」「こばと。」「夏目友人帳」「地獄少女」。また「銀魂」はアジアの中でも、台湾、韓国、ベトナム、マレーシア華人と、いわゆる漢字文化圏でのみ人気があるようだ。欧州でも見かけるが、アジアのほうが人気が高いのは「犬夜叉」。特に韓国では人気が高い。

逆にアジアよりも欧州で人気がある作品は「DEATH　NOTE」「黒執事」「ヴァンパイア騎士（ナイト）」「ゼロの使い魔」「美少女戦士セーラームーン」のような「ヨーロッパ的」設定や雰囲気のものか、「鋼の錬金術師」のような欧州とエキゾティシズムが混ざったようなものが多い。

大きな地域別ではこうした傾向があるが、国別でも違いがある。

筆者自身の現地取材・調査も交えて、各国で日本の漫画・アニメなどがどのように受け入れられているかを、以下に述べておきたい。

台湾の日本アニメ好きは群を抜く

前章で見てきたように、台湾における日本の評価の高さ、アニメとマンガの人気は群を抜いている。そして人気があるアニメや漫画の傾向やタイトルは、ほとんど日本と変わらないし、マイナーなものも入っている。だからといって、台湾独自の選択が皆無なわけではない。日本や他国と比べて台湾で特に人気が目立つものに「ヘタリア」が挙げられるだろう。後述する同人誌展示会では、根強い人気がある。台湾やチベットが中国と別キャラで取り上げられているところが、最近の台湾の独自性意識とマッチしているからかも知れない。

もっとも、台湾においてテレビチャンネルでアニメが大量に放映されているわけではない。台湾は世界有数のケーブルテレビ大国で、ケーブルでは80チャンネル近くが見られて、そのうち日本専門が5チャンネルもあり、アニメは緯来日本チャンネル、東森ムービーチャンネル、それから地上波などで放映されることがあるがそれほど多くはない。またアニマックス台湾があるが、なぜか最新の作品はあまり放映せず、5年以上前の古い作品が主だ。

そのわりに台湾人の若者は、最新のマイナーな作品もよく知っている。どうやらネットの動画サイトを通じて視聴する人が多いらしい。動画サイトといっても、違法とは限らず、台湾人の場合はニコニコチャンネルの登録・視聴者も多い。またコアなファンなら日本から円盤（CD）を取り寄せるか、台湾で円盤が出たら買う。

台湾人の日本アニメ好きを物語るエピソードとして、日本でも人気の声優釘宮理恵のサイン会における騒動が挙げられるだろう。これはブラックユーモア版ネット百科事典アンサイクロペディア日本語版の「釘宮病」でも取り上げられているが、2010年1月27日台北《たいほく》市で開かれた台北国際ブックフェアで、出版社が開いたサイン会には、収容人数150人のところを2000人が殺到。フェンスが倒れたり、卒倒したファンが続出する騒ぎとなった。

台湾版コミケ

日本のコミケに類似した同人誌展示即売会も、主要都市で何種類か開催されている。

そのうち集客が最も多いとみられるのは、2日間で5万~8万人を集める2月および7月（もしくは8月）に開かれるファンシー・フロンティア（FF）だろう。ただし台湾、特に台北市の人口規模が日本や首都圏に比して小さいこともあって、その規模は本家東京のコミケに遠く及ばない。台湾大学体育館を会場にしているが、コミケに比べたら会場面積も出店サークル数も50分の1程度くらいだろうか。

また8月には出版業者による「漫画博覧会」、2月の「台北国際ブックフェア」コミック特設会場なども、漫画・アニメ関係イベントとしては大規模なものだ。いずれのイベントでも日本から漫画やラノベの原作者、アニメ監督、声優などを何人か招いてトークショーやサイン会が開かれる。日本で現在活躍しているアニメ声優で台湾のいずれかのイベントに行ったことがない人は少ないだろう。

しかも面白いことに、声優トークショーでは一応通訳を立てるのだが、ほとんどの観客は通訳する前に日本語で聞いたまま理解して、笑ったりしている。さらに驚いたことに、比較的マイナーな声優でも、知っている人が数十人単位でいて、これまたマイナーなキャラの声を実演すると、それに反応しているのである。

それほどまでに、台湾の日本アニメファンの知識はきわめて深い。

同人誌といえば、数年前には日本のコミケに出品された「18禁」同人誌の翻訳版（おそらく海賊版）も夜市で見かけたことがある。また、同人誌即売会では、２０１０年ごろまでは18禁に対する規制が厳しかったが、２０１１年ごろから規制が緩やかになり、18禁ものも目立つようになった。

ちなみに、台湾においてポルノ規制が厳しかったのは、以前の独裁体制時代の表現規制を受け継いだのではなく、むしろ民主化以降にフェミニズムの観点で規制されたようだが、それを最近になって日本に合わせて緩和したらしい。

台北駅前に多い日本アニメ関連ショップ

台湾における日本のサブカルの受容は深く幅広い。

アニメ関連商品を売る店が集中しているのは、台北《たいほく》駅周辺だ。

筆頭は「墊脚石《てんきゃくせき》（踏み石の意味）」で、新光三越の裏手と書店街・重慶南路と２店舗ある。これは形式的には一般書・学術書・雑誌などを売る普通の書店だが、マグカップやクリアファイルなどのアニメグッズもたくさん置いてある。

また、台北駅地下街の北側、出口番号でいえばY12からY20にかけては、日本のアニメ・漫画・ゲーム関係の店が軒を並べている。台北駅から地下鉄で２駅から数分のところにある「光華新天地」というのもある。

一方、台北駅から地下鉄で1駅にある若者の街「西門町」には日本のサブカルものが集まったビルとして「萬年商業大楼」が古くから有名だが、今はサブカル関係よりもパチモノ店舗が多い。

アニメ「魔法少女まどか☆マギカ（まどマギ）」とAKBのカフェも台北駅周辺にある。ちなみに、台湾の同人誌では、まどマギは「廃怯少女」と書かれることが多い。日本でのタイトルロゴが変形されすぎて、「魔法」という部分が「廃怯」に見えてしまうからだ。

さらに台北では日系アニメショップの

アニメイト台北西門店

大御所である「アニメイト（安利美特）」が2店舗を展開している。ただし会員証は日本とは別なのでフランチャイズだろうし、品揃えは正直いって微妙ではあるが、同人誌・声優CDの「らしんばん」も併設しており便利である。

ほかにも、EXILE系の「EXPGダンス教室」が台北にあるし、吉本興業も台北事務所を開設し、台湾で活躍する日本人タレントなどが所属している。

またコンビニの7-11《セブンイレブン》では日本でローソンなどが始める以前から、アニメ関連グッズ（クリアファイルやマグカップなど）を店頭で販売していたが、2012年以降は、小型のアニメイトかと思うほど、いろんなアニメのグッズを置いたり、注文を受けたりするようになった。そのためのカタログも出ており、2013年5月および9月に筆者が台湾を訪れた際に、それぞれ「ソードアート・オンライン（刀劍神域）」「進撃的（の）巨人」を目玉に置いていた。

進撃の親日？

ちなみに、この「進撃の巨人」、日本でも2013年4月から2シーズンにわたって

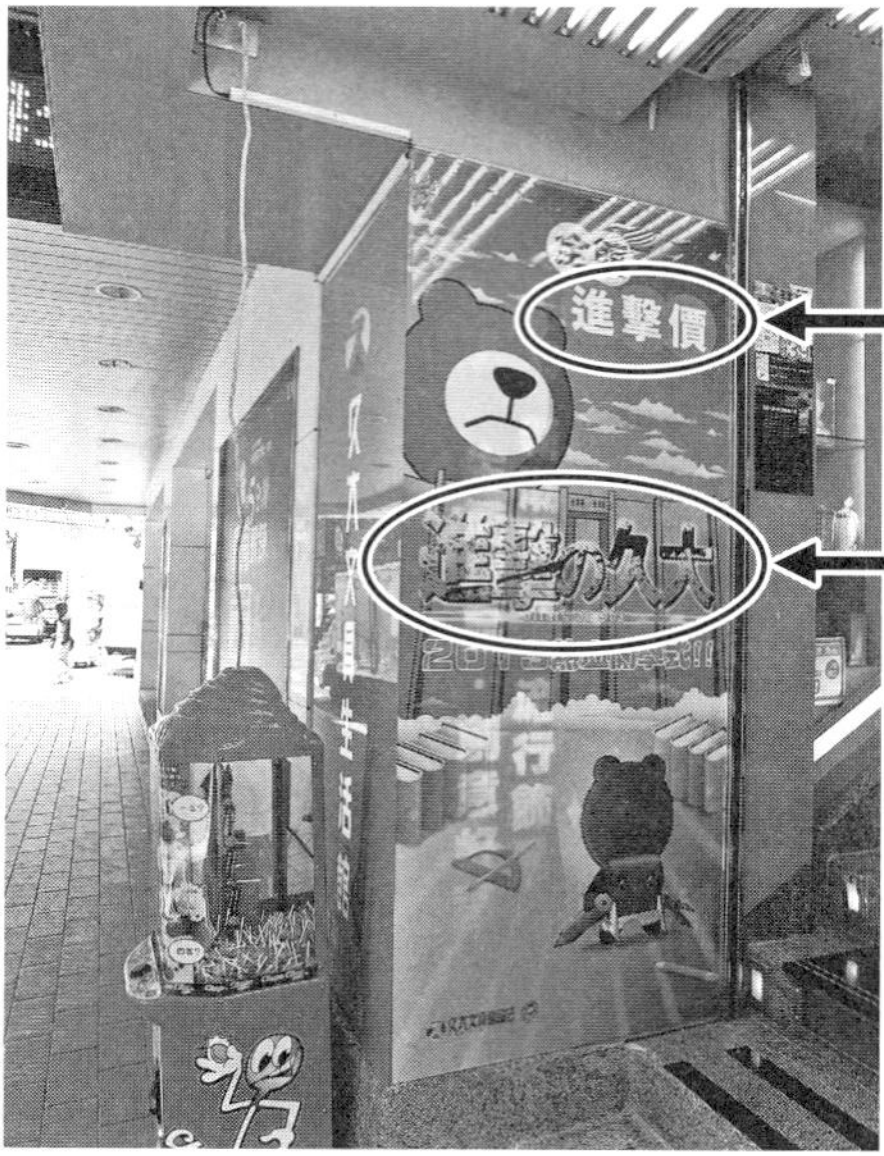

進撃の価格を掲げる文房具チェーン店「久大」

アニメが放映中で、原作漫画とともに学生の間で爆発的な人気を得ているが、台湾では日本以上に大きな話題になっており、一般の大人にも知名度があるようにみえた。文房具チェーンの「久大」が「進撃価（進撃価格）」などと題名・ロゴを流用しているほか、ニュース討論番組でもテーマになったり、ニュースの見出しにもしばしば「進撃」を見かけるなど、ちょっとした流行語になっているようだ。

なおこのほど台湾を再訪した際に驚いたのが、日本の書籍の翻訳ものが急増している点だ。もともと日本ものは人気があるのだが、最近は歴史、健康、文学、経済など、さまざまな分野にわたって日本語からの翻訳本が出ている。筆者の本を翻訳出版した出版社によると「点数、部数ともに日本一国からの翻訳書が欧米全体の翻訳書と匹敵するくらい多くなっている」と言っていた。

台湾の有力紙によると、２０１３年8月のベストセラーの上位は、小説・ラノベが東野圭吾、ソードアート・オンラインなど日本ものが上位のほとんどを占めていた。

また不思議なことといえば、数年前から日本の科学雑誌「大人の科学」も人気がある。筆者の台湾の友人もたくさん購読していたし、誠品書店台湾大学前店では、日本から輸入された同雑誌がたくさん陳列されている。

書籍分野でも「日本」が存在感を強め、台湾市場をほぼ占拠している状況を見ると、台湾の親日はさらに深化していることがうかがえる。流行語を使えば、さしずめ「進撃の親日」といったところかもしれない。

台湾のアニメグッズは、クリアファイルとマグカップが一番人気があるように見える。

韓国でも若者はアニメ愛好

台湾の次は韓国である。韓国は、反日感情ばかりが日本ではクローズアップされているが、実態は日本文化が大好きな人たちが多い。もちろん社会の建前としての「反日思想」は健在であり、現在のオピニオンをリードしている50代と60代については反日教育世代であることもあって、日本文化が好きであることを公然と認めることは少ない。

だが40代以下になると、日本文化好きをカミングアウトする人が増えている。40代の場合、1980年代に学生運動で日本の左翼文献と漫画を読み漁り、韓国軍事政権に抗議してきた経緯があるので、いわば日本文化は世界に開かれた自由の窓という認識を持っている。さらにいえば、40代以下の民主化運動世代にとっての「反日」とは、植民地時代に対日協力者だった人たちと、戦後独裁体制の支配層が重なることが多いため、日本批判というよりは、戦後独裁体制への批判という側面が強いのである。また、ある左派系ジャーナリストは「本質的には米国のほうが問題。反日はむしろ米国が植えつけた論理であって、同じアジアの民主国家として韓国と日本が友好的であるべきだ」とも指摘している。

韓国の「左翼」は民族主義で反日が強いと思われがちだが、実はそうでもない。韓国の左翼は日本の理論を入れる形で出発し、かといってグローバル化の進展もあって教条的色彩が薄い形で発展してきたこともあり、社会的にはリベラル志向なので、日本文化だからといって排撃する立場ではない（このあたりの議論は、クォン・ヨンソク著『「韓流」と「日流」～文化から読み解く日韓新時代』ＮＨＫブックス、２０１０年も参照のこと）。

また筆者が韓国で取材した高麗大学（日本の早稲田と比較されることが多い私学の雄）のアニメ研究学生サークル「クリム・マダン（絵の広場）」も、起源は左派的な学生運動団体であり、現在でも政治的立場（選挙での投票行動）は左派系政党支持者が多い。しかし日本や日本文化を排撃することはしない。

日本の漫画やアニメを愛好する学生サークル会員や漫画喫茶店主はいずれも左派系政党の支持者だが、筆者が聞いてみると、「今の日本は戦前の軍国主義ではない。日本のアニメや漫画は、むしろ平和的で自由で多様な背景をもって、開かれたものだ」と指摘していた。

これまた左派系労働運動に密接に関係してきたキリスト教会に通う20代女性は「日本好き」を公言していた。「モー娘《むす》。」を見てJ-POPが好きになった。今はSMAPが好き。日本のアイドルはイケメンでもバラエティもこなすし、穢れ役もやる。韓国のアイドルはきれいごとばかりで作られた感じで面白くない。日本のほうが自由で多様性がある、独島（竹島）問題はどうでもよい、中国は怖い。日本は昔とは違っているから、仲良くすべき」という。そして日本文化好きは若いほど多いらしく、10代では相当な比率になると言う。

40代の自治体職員は、日本に交流員として滞在したことがあるが、「日本に行く前は反日感情が強かったが、行ってみてから、日本が戦前とはまったく違うこと、秩序感覚や福祉制度が整っている点など、良い点や韓国が学ぶべき点が多いことがわかった」と話していた。

このように、実際の韓国人は、今の日本が戦前とまったく違い、平和と自由と多様性を体現している点を理解しており、しかも表向きの反日思想とは裏腹に、日本・日本人・日本文化に対する評価がきわめて高いのである。

韓国人の批判する日本のウヨク漫画とは？

漫画やアニメについては、韓国と日本では若干好みが異なり、特に人気が高いのは漫画では「よつばと！」「あずまんが大王」「らき☆すた」、アニメでは「魔法少女リリカルなのは」。一方、「さよなら絶望先生」と「学園黙示録　HIGHSCHOOL　OF　THE　DEAD」はその政治風刺の作風から「ウヨク漫画・アニメ」という批判もあるらしいが、そう批判している若者にどこが右翼的なのか問い詰めたところ、詳細に例を挙げていたので、実は大好きなようである（笑）。

具体的に読んで批判しているという点では、むしろ日本の高齢者によくありがちな「漫画なんか読むと低能になる」などという、それこそ低レベルな発言よりはよほどまともである。

また、「コードギアス　反逆のルルーシュ」は制作者が北朝鮮シンパという説もあるが、反米愛国的な部分もあるので、韓国人のアニメファンの間で評価が分かれているそうだ。必ず政治的に反日的な解釈を含めがちなところが韓国らしいが、反日的に解釈しつつも詳細に読みこんでいるあたり、表向きの反日的言説とは裏腹に実は日本および日本文化に対する韓国人の熱愛が見てとれる。日本ではどうも額面通り韓国人は反日とステレオタイプで解釈されがちだが、実態は異なっているのだ。

韓国でも若者はやはりアニメを動画サイトでチェックしている人がほとんどだ。だが台湾よりも人口規模が大きいからか、最新アニメをたくさん放映するケーブルチャンネル「アニプラス」があるし、「韓国アニマックス」のほうが台湾よりもセレクションは新しい。

ちなみに韓国では、『月刊ニュータイプ』の韓国版、さらに2013年からは『娘TYPE』（ニャンタイプ）韓国版も発刊されている（120ページ参照）。ほとんどは日本版の翻訳だが、韓国独自の内容もある。また、台湾には日本の新古書店ブックオフがないが、韓国にはあり、慶応大学と比較される私学の名門・延世大学に近いソウル新村《シンチョン》店は、日本語と韓国語の漫画が多く売られている。

韓国と台湾はベクトルが違うだけ

そういう点では、台湾と韓国は若干ベクトルが違うだけで、日本好きの度合いでは甲乙つけがたい、といえる。たとえばネットの百科事典ウィキペディアでも、韓国人が書いている韓国語版、台湾人が書いている繁体字中国語版は、アニメに関する項目については競い合っているところがある。比較的マイナーか新しい作品や声優については、韓国語が先行している項目もあれば、繁体字中国語が先行している項目もある。それを見ると、台湾人も韓国人も日本のサブカルを愛している人が同等に存在していることが見て取れる。最新の例を挙げると、２０１３年夏の大ヒットドラマ「半沢直樹」もネットを通じてすぐに台湾と韓国にも飛び火した。

ちなみに台湾と韓国については、たとえば「東大生の英単語」「こうやって東大医学部に合格した」というように、東大ブランドに依拠した書籍が平積みで並んでいたりする。植民地時代以来の感覚と知識なのかも知れないが、大学のブランドまで訴求力があるという点では、深いものがあるといえそうだ。

台湾と韓国と並んで日本のサブカルが浸透しているところとしては、香港も挙げられよう。ただし筆者は中国に返還後の香港には行く気がしないので、ネットや台湾のイベントに来ている人からの情報に過ぎないが、やはりアニメや漫画は人気で、アニメ聖地巡礼をする人も多い。

東南アジアのアニメ認知度

東南アジアでは日本のイメージおよびアニメをはじめとする日本文化の認知度はどうなのか。

全体的な数字についてはやや古くなるが、外務省が２００８年にインドネシア、フィリピン、ベトナム、マレーシア、シンガポール、タイの６か国を対象に実施した調査があるので、それを引用しよう（ＡＳＥＡＮ主要６か国における対日世論調査：http://www.mofa.go.jp/mofaj/area/asean/yoron08.html）。

東南アジアにおいて、現在および将来のパートナーとして重要な国としては、シンガポール、マレーシア、タイは中国が日本よりも多かったが、ベトナム、フィリピン、インドネシアにおいては中国より日本のほうが多かった。ただしフィリピンで最多は米国だった。おそらく現在ではフィリピンも日本が最多で、マレーシアにおける中国の数字は減っているかもしれない。

日本のイメージについては、最も多かった答えは、科学技術や経済発展だが、タイでは「アニメなど新しい文化を発信する国」も78％とかなり高い。この現代文化の項目では、シンガポールが67％、フィリピンが66％、マレーシアが64％と高いが、ベトナムが53％、インドネシアは36％と比較的低い。

ただしその後6年以上を経過していることから、いずれも数値は上昇しているとみられる。

とはいえ、インドネシアが親日なのは、技術や安保的な理由であって、大衆文化への関心が低いことが示されているといえる。

東南アジア華人の若者は親日に

では、筆者が２０１２〜13年に東南アジア現地を見て回ったところではどうだったか。

まずは東南アジアで所得水準が最も高いシンガポールから見てみよう。

シンガポールの書店や街中ではそれほど日本のアニメ関連商品は目立たないように見えるが、コスプレショーや同人誌即売などアニメ関連イベントの数は多く、隣のマレーシアやインドネシアのファンも集めている。

マレーシアでも、華人を中心に日本のアニメファンが多い。華人が多いのは、所得水準が高いうえに、台湾で中国語に訳されたものが導入できるという言語的アドバンテージがあるからだろう。実際、マレーシアで売られているアニメ関連グッズで、漫画の中国語訳やクリアファイルは台湾製のものが多い。また最近ではもともと華人よりも親日感情が強いブミプトラ（マレー系）の所得向上とともにマレー語の漫画訳本やアニメソフトが増えている。マレー系には特に日本の少女マンガが人気があるようで、マレー語訳の少女マンガはコンビニでもよく見かける。

特筆すべき人物として、ダニー・チューがいる。英国生まれのマレーシア華人だが、日本サブカル好きが嵩じて1999年から日本に在住し、サブカル商品の販売や宣伝をしている。有名ファッションデザイナー、ジミー・チュウ（本名：Choo Yeang Keat、周仰杰）の息子だということもあって、マレーシアでの日本文化人気に影響を与えたとみられる（ニューズウィーク日本版、2013年8月13－20日号に取り上げられている）。

マレーシアで特に人気がありそうなアニメ・漫画は「花咲くいろは」「侵略！　イカ娘」とみられる。ただ華人とマレー系では嗜好が異なるものがあるようで、マレー系には「ソードアート・オンライン」「NARUTO」、やや古いところでは「ああっ女神さまっ」、華人には「銀魂」「地獄少女」が特に人気のようだ。グッズは台湾製のクリアファイルが入ってきているほか、所得水準があまり高くないため、中国製のキーホルダーなども出回っている。

また文化の嗜好には、性差もあり、アニメや漫画が好きなのは男性に多く、女性は韓国ドラマに惹かれる者が多いという。

ちなみに、シンガポールとマレーシアの華人といえば、1980年代ごろまでは反日の大本営を成していた。それは第二次大戦で日本軍がマレー半島を占領した際、マレー系は優遇したが、華人を虐《しいた》げた経緯によるものだ。ところが、今の華人の特に若い世代には、反日感情はほとんど見られない。転換のきっかけになったのは、マハティールが首相就任後の1981年に提唱した「ルック・イースト」政策で、華人が呼応して日本に子弟を留学させたことからだ。政府の政策に順応して恐る恐る日本に子弟を留学させたところ、昔の日本と違うことがわかり、反日感情が急速に薄まった。それだけでなく、1980年代後半から中国訪問も自由化され、多くの華人にとっては祖父の代の出身地である中国を訪れたところ、中国国家や中国社会の世知辛さ、中国政府の人民虐殺のほうが日本軍のそれをはるかに上回るものだったことを知ったことも大きい。

ある華人の若者は「実際には日本軍は華人をほとんど殺してなんかいない。ペナンなど一部で実際に日本軍と接した人は多少反感があるようだが、それをいうなら、今の中国のほうがよっぽどひどい」という。

日本人には、華人というと中国人と同列で、中国と何かしらつながっているかのように見ている人が多い。

しかし、高齢者の一部ならいざ知らず、イマドキの若い世代ともなれば、中国に文化的な親近感を抱いているものすら皆無に近い。今時の華人にとっては、中国はダサい、野蛮な国なのであって、台湾や日本や韓国のほうに親近感を抱くものなのである。筆者が会った40代以下の華人は、口をそろえて「中国人は質が悪く、なるべく付き合いたくない」と言っていた。「中国人の血統」があるからといって、中国とつながると思ったら間違いだ。そもそも華人の祖先は中国になんらかの不満があったから、中国を離れたのだから。

バンコクでもアニメが浸透

ここ2〜3年経済状態が良いタイのバンコクでも、アニメや漫画は急速に浸透している。

バンコクの中心街サイアム・スクエアあたりでは、ダイソーなどと並んで、いくつか日本の漫画の翻訳本をおいている店がある。「TOON　ZONE」は漫画だけでなく、アニメ事情雑誌や周辺グッズも置いてアニメオタクでにぎわっている。他国よりも人気があるとみられるのはアニメでは「俺の妹がこんなに可愛いわけがない」「とある科学の超電磁砲《レールガン》」「Angel Beats!《エンジェルビーツ》」、漫画では他国ではほとんど見かけない橘紫夕「となりのなにげさん」がわりと売れているようだ。それにしても、アニメといい漫画といい、どこか癖があるセレクションである。

そのタイには2012年5月にタイ航空で訪れた。タイ航空の機内客席サービスでは、J-POPアーティストのアルバムも多数選択できるようになっていたが、その中ではいわゆる主流のAKB48や嵐などに交じって、アニメ声優でアニソン歌手の田村ゆかりと伊藤かな恵のアルバムも収録されていたのには、半ば呆れ、半ば感嘆させられた（筆者は言うまでもなく伊藤かな恵を聞いていた）。台湾の航空会社でもここまでは見かけない。タイ航空が大枠はトップが決めるとしても、具体的なセレクションについては若手社員に任せている良い会社なのか知らないが、これは驚きの英断である。

もっともこの傾向は他社にも広がっており、2013年8月に大韓航空を利用した際には、やはり客席サービスの「日本の音楽」には、声優の水樹奈々と戸松遥、さらにアイドルグループ東京女子流のアルバムが選択できたほか、単曲で声優・小倉唯の歌などもあった。

インドネシアのＪＫＴ48とアニメファン

インドネシアでは、漫画では「miiko」（おのえりこ「こっちむいて！　みい子」）に特に人気があるようで、さらに「鋼の錬金術師」「ＢＥＣＫ」「Q．E．D．証明終了」もよく見かけた。マレーシアのマレー系と同じく少女マンガがたくさん翻訳されており、少年少女漫画雑誌も出ている。

２０１２年2月26日には、日本政府後援でジャパン・ポップ・カルチャー・フェスティバルがジャカルタのモールで開

ジャパン・ポップ・カルチャー・フェスティバル（ジャカルタ）

かれた。ＪＫＴ48などが出演したが、コスプレショーでは女性がヘタリアが多く、エヴァンゲリオンやＮＡＲＵＴＯも人気が高かった。

インドネシアはＡＫＢ最初の海外姉妹版であるＪＫＴ48が出来たところだ。アニメや漫画は圧倒的だが、音楽については、Ｊ－ＰＯＰ歌手がインドネシアに滅多に公演に来ないこともあって、インドネシア公演にも熱心なＫ－ＰＯＰのほうが人気がある。しかしＡＫＢ48は公演に来るし、ＪＫＴ48も出来たことで、Ｊ－ＰＯＰも浸透し始めているようだ。

フィリピンも米国離れでコスプレ浸透

フィリピンは戦前米国の植民地で、民主主義と繁栄が保障されていたところに日本軍が侵略したことで、長らく反日感情が強く、米国への親近感と依存が強かった。だが2000年代半ばごろから、米国離れと日本および韓国への傾斜が少しずつ始まった。

フィリピンで有名なタレントのアローディア・ゴセンフィアオは、コスチュームプレーヤーとしても有名で、日本好きを公言し、それがフィリピン人の日本への傾斜に貢献している。アローディアは英語で発信していることもあってか、中東などでコスプレショーを開催するときに呼ばれたりしている。

マニラ市内のいたるところにあるショッピングセンターには、必ずアニメ関係のショップが入っている。いまだにアメコミは多いものの、日本のアニメグッズを売っている店も増えており、フィギュアやポスターを売るショップで店員に聞いたところ「ＮＨＫのどーもくん、けいおん！、ミク、フェアリーテール、ＮＡＲＵＴＯあたりが人気がある。私自身はけいおん！の澪ちゃんが好きだ」（英語）などと話していた。

グッズとしてはフィギュアとバッグ、ポスター、キーホルダーに人気があるようだが、所得水準の低さを反映してか、中国製の海賊版が多い。

モンゴルは大の親日

東南アジアではないが、目をさらに北に向けるとモンゴルも大の親日国家だが、漫画とアニメはまだそれほど浸透はしていない。漫画では「ドラゴンボール」と「スラムダンク」のモンゴル語版を見かけただけだ。

だが日本への関心は高い。大相撲の幕内力士が7～8人いるし、元横綱・朝青龍の活躍は大きかった。日本政府が国立ウランバートル大学敷地近くに開設している日本文化センターは、モンゴルの公立図書館の役割も担っていて、モンゴル人がひっきりなしに訪れている。2010年実施の意識調査では好きな国の1位はダントツで日本、2位が米国、3位がロシア。これに対して嫌いの1位はダントツで中国だったという。

アニメは浸透していないと書いたが、大学日本語学科の学生100人の多くはアニメや漫画が動機であるらしいし、ウ

モンゴル・ウランバートルの東郊外で

ランバートルの東郊外では、萌えアニメ風の看板を見かけた。

ラノベは敷居が高い？

各国における浸透度を見ていると、気づくことはもう一つある。それはライトノベル（ラノベ）が浸透しているところはまだ少数であり、ラノベの敷居が高いことがわかる。たとえば比較的低所得のベトナムでは、漫画（および韓国や台湾のドラマ）は大量に見かけるが、アニメは２０１１年の時点ではまだ少数（その後ネットを見ている限り、２０１３年になってから急速に普及しているようであるが）、ラノベに至ってはゼロである。だがアジアでは中の上に位置するタイだとラノベが少しずつ出てきている。まだまだ点数は多いとはいえないが、「涼宮ハルヒ」シリーズは６巻あたりまで、「とらドラ！」も出ているといった具合だ。

これが台湾と韓国のような準先進国だと、日本で出ている主要ラノベ作品はほぼ翻訳が出揃っている。

中間層の台頭がカギ

ではなぜ最近になってアニメが浸透しているのか。

アジアにおいては、すでに何度か「所得水準」について述べたように、日本のアニメや漫画は、それぞれの国で比較的裕福で余裕がある階層の若者に浸透しているとみられる。

特に東南アジアでは最近経済成長が順調に進み、しかも中国のような格差拡大を反面教師にしているのか、所得分配も行われた結果、中間層が増えている。

アニメや漫画が浸透している階層条件が中間層だろうといえるのは、日本社会そのものがネオリベ（ネオリベラリズム）化にかかわらず中間層が主体で、現代文化や大衆文化が中間層を基盤にしているからである。もっとも、実際のアニメに登場する設定は、平凡な中間層というよりは、たとえば大ヒットアニメの「けいおん！」に典型的に見られるが、主人公たちの親の設定は比較的裕福な専門職が多く、自宅の瀟洒さや金遣いを見ても「中の上」といったところである（ただしムギちゃんは例外的に大金持ちだが）。

これはアジア諸国の多くから見れば「上の下」に位置することになろう。だが絶対に手の届かないものでなく、努力すれば近づけるかも知れない「達成可能な努力目標」といえる。これが最近の米国のドラマや映画の現実離れした設定や韓国ドラマに多い金持ち設定だと、初めから遠い世界の話で、達成可能な目標にはなりえない。

そこがアジアにおいて教育レベルも所得水準も向上し、新たに出現した中間層の若者にとって、憧れて望める目標に映っていると考えられる。

インドネシアのアニメファンは「ジャカルタも30年後には東京みたいになれるかな」といっていたが、まさにそういうことなのだろう。

知的な若者に受けるアニメ

中間層は日本でもそうだが、教育熱心で知的好奇心も強い階層である。マレーシアのアニメソフト販売店で聞き取りをしたところ、アニメファンは教育レベルや知的レベルが高い若者が多いらしい。日本国内でもいわゆる総合偏差値が高い高校や大学の学生ほど、アニメファンの比率は高いという見方もある。

筆者も最近はアニメを週に10本以上見ているが、実際、最近のアニメは作画も綿密だし、テーマが多様で、ストーリーも練られているものが多い。これを解読し、批評したりするのがアニメオタクだといえるが、そうなるにはそれなりの知的訓練や好奇心が必要だろう。

ちなみに、マレーシア、インドネシア、シンガポールなどには紀伊国屋書店が出店していて、しかもそれぞれの国における最大の書店、文化の中心になっている（ただし、インドネシアでは現地資本のグラメディアも大きく、紀伊国屋はどちらかというと外国語書籍に重点を置いているが）。こうした大型書店が成り立つ、しかも日系だという点に、東南アジアにおける知的な中間層の勃興と、それと日本との親和性が象徴されているように思う。

またアジア諸国では、比較的所得が高い台湾と韓国を例外として、海賊版の比率が高い。だがＪＥＴＲＯバンコク事務所で聞いたところ、非公式の調査で、東南アジアの若者の間では「できれば正規版を買いたい」という考え方も台頭しているという。海賊版は安いかもしれないが、品質不良でディスクが読み込めない場合もあり、結果的に損をする場合があるからだろうし、それ以上に中間層にとっては正規版も買えないことがないくらい購買力が高まっているのだろう。

欧州ではフランスが突出

欧州を見てみよう。まずは東南アジアについても引用した外務省の調査を見てみよう。やや古い２００７年の調査だが、英国、フランス、ドイツ、イタリアの４カ国について対日世論調査を実施したものだ（http://www.mofa.go.jp/mofaj/area/eu/yoron07.html）。「アニメ分野において刷新的な国」という点に対する評価は、10点満点で４カ国平均７・40、うち英国とドイツが７・59、フランスが７・20、イタリアが７・18で、一般的にアニメへの評価が高いとみられるフランスのほうが英国・ドイツより低かったとはいえ、やはり7点以上という高い評価を得ている。

一方、「日本に関してもっと知りたいと思う分野」という質問（複数回答可）に対して「現代日本のポップカルチャー」が４カ国平均で24％だったが、フランスが52％と突出して高い。イタリアが23％、ドイツが16％、英国はわずか５％だった。フランスはまた日本の伝統文化についても56％と高い関心度を示している。

もちろん、その後アニメの認知が高まり、数字はいずれもさらに上昇していると考えられるが、関心の高さではフランスが突出していて、イタリア、ドイツとついで、英国が低いというのは、筆者が２０１２年に欧州を回って得た実感と同じだ。

パリのＪＡＰＡＮ ＥＸＰＯに見るフランス人の熱狂

実際、欧州におけるクールジャパンの拠点といえるのはフランスである。それは筆者自身の実感でもある。

毎年7月上旬に開かれている日本文化の総合イベント「ＪＡＰＡＮ ＥＸＰＯ（ジャパンエキスポ）」に２０１２年7月に行ったことがある。単なる民間有志が始めた同人イベントだったが、木曜から日曜まで4日間で15万人を動員する一大イベントにまで成長した。日本からもアニメだけでなく様々な大衆文化や伝統文化の著名人が呼ばれる。筆者が行ったときには、きゃりーぱみゅぱみゅ、ももいろクローバーZ、アニメ監督の新海誠、そしてアニメプロデューサーの丸山正雄といった人たちが出演していた。

会場はドゴール空港からも近い広大なところで残念ながら筆者はきゃりーともクロのイベントは見逃してしまった。

筆者は偶然ダブリンからパリ行きの飛行機で乗り合わせて仲良くなったこともあって、新海のセッションに参加した。最初に新海作品のＰＶなどを流し、新海のセッションになった。感心したのは、４００人もの観衆がいたのだが、ＰＶを熱心に見入りＰＶが終わった後に拍手、新海のセッションが終わった後は総立ちになって惜しみない拍手を送ったことだった。さらに、ジャパンエキスポでは、武道、華道、書道などの伝統文化の実演、

新海誠氏（左）と筆者（パリ・ドゴール空港で）

アニメ絵の絵師の作品展示などもあったが、いずれも観客は息を殺して熱心に見入っていて、実演が終わると大きな拍手を送っていた。

フランス人には一種の中華思想があり、衛生や公衆道徳に無頓着で街が汚いこともあって、欧州の中国人とも呼ばれることがあるが、中国人との違いは、こうした、文化に対するリスペクトがすごいところだろう。さすがは文化大国である。

筆者はフランス語やフランス文学、音楽にも親しんでいるものの、以前はフランスという国については武器商人が活躍し、原発依存度が高く、フランス人は自己中心的、などというマイナスのイメージしかなかったが、こうした光景を見るとやはり気持ちが良いものだ。フランス政府はともかく、やはりフランス人というのは憎めない人たちだと思った。日本人にとっては、米国よりフランスのほうが通じ合えるかも知れない。

フランス書店で漫画は特設コーナーに

フランスにおける書籍（を主体にしてマルチメディア関係も置いている）チェーン店に「FNAC」というのがある。アジアでも台湾にはフランチャイズ店がいくつかある。

ここの旗艦店はパリの中心部レ・アールにあり、３層（階）にわたって展開している。

２００７年に訪れた際には、日本の漫画訳本は１階の日本文学のコーナーの横にコーナーがあり、ネクタイをしたサラリーマン風の50代の男性が熱心に「ワンピース」を立ち読みしていた。それだけでも十分すごいのだが、２０１２年に再訪したところ、さらに進化していた。

１階には日本文学やアメリカンコミック、さらにフランス語圏の芸術的漫画であるバンド・デシネ（ＢＤ＝ベデ）のコーナーがあるが、日本の漫画は見当たらない。フランスではもはや日本の漫画は飽きられたのかと思った。ところが、３階にあがったところ、フロアの半分がＩＴ、残り半分が日本の漫画、アニメソフトの専用コーナーになっていた。何と、５年の間になくなるどころか、増殖していたのである。

しかもそれが壮観なことに、漫画はジャンル別に少年、青年、少女などに分かれ、さらに「やおい」の棚まであった。さらに、入り口にもベストセラーの棚があって、それもフィクション、ノンフィクションのほかに、ＭＡＮＧＡがそれらと対等の分類になっていて、いかに漫画が浸透しているかがわかる。

フランスで特に人気がありそうなのは「ワンピース」などの王道を除けば、「テルマエ・ロマエ」と「ＦＡＩＲＹ　ＴＡＩＬ」だと感じた。いずれも欧州か欧州っぽいところが舞台だからむべなるかな。

アニメソフトも「エヴァンゲリオン」「けいおん！」「ワンピース」など、わりと王道の売れ筋がほとんどだったが、最古のアニメの一つ「白蛇伝」まで置いてあったのには感心した。

また併設のイベント会場だろうか、そこはワンピース特設コーナーになっていた。

FNACにあった「やおい」の棚

パリのアニメショップ街

パリのバスティーユ広場近くには、新古書店ブックオフが出店している。さらに歩いて10分くらいのケレル（Keller）通りというところにも、日本漫画・コスプレのショップがいくつか軒を並べている。また5区のカルチェラタンなどにも漫画カフェがある。いずれも客が多く、店員や客と話していると、日本文化全体へのリスペクトが強いことがわかる。

２０１２年7月には、スーパーマーケットチェーンのカルフールのパンフレット表紙に、セーラームーンが使われていた。

ただしフランスでは不思議なことに、アニメ関連グッズとしてはフィギュアやねんどろいど、マグカップ、キーホルダーの類はあったのだが、私が見たところでは、なぜかクリアファイルはどこにもなかった。アジアでは定番なのだが、欧州人好みではないのか。

ジャポニスムとアニメファン

それにしてもなぜ欧州の中では特にフランスなのか。フランスでなぜ特に日本なのか。フランスには19世紀後期のパリ万博への日本の出展で盛り上がったジャポニスムの伝統がある。印象派絵画は浮世絵から多大な影響を受けたし、プルーストの「失われた時を求めて」にみられる「意識の流れ」の作風は「源氏物語」などからインスピレーションを得た、とされる。

それは現在でも継承されており、アニメや漫画、三島由紀夫から村上春樹にいたる現代日本文学、さらには華道、茶道、武道、柔道などへの評価が高い。

最初はどうせエキゾティシズムの一種だろうと考えていたのだが、日本文化好きのフランス人と何人か話しているうちにとある結論に至った。それはどうやら日本とフランスの文化コードがきわめて近く、フランス人が共鳴、共感しやすいからではないかと。

しかも、どうやらフランス人は自国文化以外では日本文化に対する評価が最も高そうなのだ。フランスには昔からシノワズリもあって中国に対する関心もありそうだが、F

ＮＡＣの文学や言語コーナーを見ても、中国の古典・現代文学や中国語に関する本の量と質は日本のそれに及ばない。特に文学は試しに棚数を数えたところ、日本文学は７棚だが、中国は古典を入れても４棚しかなく、韓国・朝鮮は１棚しかなかった。フランス人にとって身近なはずの英国文学ですら日本文学と同じような分量しかなかった。

ただし一定の留保も必要だ。欧州ではフランスがダントツであることは論を俟たないが、アジアの筆頭である台湾や韓国と肩を並べるかというと疑問だ。漫画やアニメソフトのタイトルを見る限り、特にアニメについては毎シーズンのいわゆる覇権（１番人気）アニメがほとんどで、いわばマイナーな作品はあまり見かけない。台湾や韓国だとかなりマイナーな作品も浸透していることを考えれば、地理的に遠いフランスはアジアの近隣諸国と比べるべくもないといえる。もちろん、これは総量の問題であって、フランス人の日本文化の愛し方という質を見れば、ある意味では世界一だろう。あくまでも量についていうならば、フランスはアジアでいえばタイあたりと同等だといえる。

イタリアとスペイン

欧州では、フランスが筆頭で、あとはフランスと同じラテン系のイタリアとスペインに浸透しているとされる。

イタリアではフランスほどではないが、アニメやマンガが入っている。2010年にローマを訪れた際には書店に、宮崎アニメのDVDがいくつも置かれていた。またヴェネツィアを訪れた際には観光スポット「溜息の橋」近くにアニメフェアのポスターが掲げられていたし、イタリアのアニメフェアにはしばしば日本の漫画家が呼ばれてサイン会を催すらしい。

2012年にシチリア島に行ったところ、古都カターニアの書店にはマンガでは「ワンピース」、ラノベでは「ハルヒ」などがあり、さらに平積みのベストセラーのコーナーには村上春樹やよしもとばななががあった。カターニアの郊外のパテルノという小さな町にも足を運んだところ、街中の商店街に「アルプスの少女ハイジ」のキャラを看板に描いた店も見かけた。

スペインでもアニメ人気が高いという話だ。文化の中心バルセロナにアニメやマンガが入り込んでいて、同人展やコスプレショーが頻繁に開かれているという。

ロンドンで見かけた「けいおん！」ポスター

英国とドイツなどゲルマン系の国では、ラテン系に比べたら日本のアニメ・漫画の受容は多くはない。

ドイツは２０１２年にフランクフルト、ハイデルベルク、マールブルク、コブレンツを回った。フランクフルト中心部近くのマンガ専門店２階が日本マンガで、「ワンピース」、「ＮＡＲＵＴＯ」などとともに、「けいおん！」、「君に届け」があった。コブレンツでは半分がアメコミ、半分が日本マンガ・アニメが置かれたマンガ専門店を見つけた。アニメＤＶＤでは「涼宮ハルヒの消失」、そして日本のフィギュアなどが置かれていた。

ドイツは陰鬱な気候を反映してか、どちらかといえば「黒執事」のようなグロテスクな雰囲気のものが好まれているようだ。

英国では同じ英語圏のアメコミのほうが多い。ただしロンドンの最大書店フォイルズ

（FOYLES）を覗くと、ジャンルを問わず有名どころは押さえられていた。

ちなみに、英国ロンドンといえば、映画「けいおん！」のロケ地でもあるので、筆者は２０１２年夏に訪れた際に、作品に出てきたいくつかの場所（いわゆる聖地）を訪れた。驚いたことに、ロンドン西部のウェスト・ブロンプトン地区に登場したカフェテリア「トルバドゥール」の窓に映画「けいおん！」のクリアポスターが掲げられていた。店に入って店員に尋ねたところ、日本からファンが来て置いていったらしい。20代半ばと見られるその店員は、店が登場する以前から

「トルバドゥール」の窓に掲げられていた「けいおん！」

「けいおん！」を知っていて、見たこともあるという。「ただ僕は『バクマン。』のほうが好きだけどね」（英語）。やはり若い世代には日本のアニメはかなり浸透していると見てよいだろう。

「フランダースの犬」の聖地

ベルギーはフランスと同様に芸術的漫画のバンド・デシネ（ＢＤ＝ベデ）の伝統がある。世界的に有名な「タンタン」もベルギーのＢＤのキャラクターである。ただしＢＤ文化の厚みのせいか、日本のマンガはそれほど多くはない。

ただし、北部のアントウェルペン（アントワープ）では日本への親近感が感じられた。日本人にはアニメ「フランダースの犬」の聖地として有名で、実際、観光客も日本人の姿が目立つ。特にアニメの舞台の大聖堂は、地元オランダ語や英語よりも日本語版のパンフレットの数が多く、絵画や大聖堂ブックレットの解説文では日本語版だけ必ず「ネロとパトラッシュ」に言及していた。大聖堂前には日本語でもネロの碑文があり、書店にネロに関する本が並び、カフェにもネロという名前の店がある。さらに郊外のホーボーケンにはネロとパトラッシュの銅像がある。

もともとフランダースの犬はベルギーでは知られていなかった。英国のマイナーな作家の本だったためだ。しかしあまりにも多くの日本人観光客がこればかり聞いてくるため、ついにはアントワープにこの銅像が整備されたという次第だ。とはいえ、今では地元民にも知られるようになった原作の悲劇的結末は、現地では不評のようだ。

ベルギー・ホーボーケンにある「フランダースの犬」の銅像

しかしそれでも日本人に合わせてここまで整備するのは、日本人観光客がカネを落とすだけでなく、マナー面でも評価が高いことを物語るものだ。

中欧は伝統文化への関心が主体

欧州の多くの国では、日本語を学ぼうという人の最大の動機は、やはりアニメらしい。フランスのパリ第７大学や国立東洋文化大学（イナルコ）の日本語科学生にもアニメファンが多い。

ただし、中欧のハンガリーやポーランドでは、アニメ情報雑誌も発行されているものの、日本の武術や伝統芸能への関心のほうが強い。

ポーランドの古都・クラクフには浮世絵ファンの地元画家が収集したコレクションを元に「日本美術館（名称は何とマンガミュージアム）」があるし、町の本屋でも日本の伝統文化に関する本が他のジャンルのものより数も多く、目立つ位置に陳列されている。市民の日本伝統文化への関心は、他の多くの国に比べて強いようである。

またその隣のハンガリーの場合、周辺のスラブ系の中にあって唯一ウラル系であり、ウラル系ハンガリー語の構造も日本語と似ているところもある（人名は姓＋名の語順）。かつてはフン族神話や大トゥラン主義という思想もはやったことがあり、その方面から日本への関心を持つ人たちもいる。

またマスコミや留学関係筋の情報では、旧ソ連圏のロシア、アルメニア、カザフスタンあたりでも日本のアニメは人気で、ロシアやカザフスタンにはアニメばかり集めた動画サイトもあるくらいだし、旧ソ連圏で日本に興味をもつ若者の大半はアニメのようだ。ネットを見ていると、ロシア語に訳された日本のアニメが散見されるが、いずれも出来栄えがよく、日本アニメに対する強い敬意が感じられる。

中東でもアニメや漫画が浸透

日本から心理的な距離が最も遠い地域のひとつ、中東でもアニメ・漫画が少しずつ浸透している。

豊富な地下資源で潤っているアラブ首長国連邦（ＵＡＥ）のドバイ首長国では、オイルマネーの配分を受けている国民全体が裕福であることもあって、若者はクールな日本文化を積極的に探し求めている。ドバイの若者アニメファンは有志でカネを出し合って日本からアニメ関係者を招くほど資金的に余裕がある。

ドバイではまた、伝統的な鷹匠の後継者不足を憂いた人が、日本のマンガユニット姫川明を招聘して「ゴールド・リング」という鷹匠を描いたマンガを描かせた。２０１２年９月までに２巻が出ている。そのためにわざわざ出版社を作ったところが富裕なドバイらしいし、わざわざ日本のマンガ家に描かせたところにも中東アラブ人の日本への期待が示されている。

日本への熱い視線といえば、報道によればサウジアラビアなども資源枯渇後を見通して人材開発のため、日本に支援を求めた。原油が取れなくなったり、

『Gold Ring』英語１巻とアラビア語１、２巻（表紙）

あるいは米国のシェールガス開発などでオイル需要がなくなることも早晩考えられる。だが最近の湾岸産油国の若い世代は積極的に働かない。そこで勤勉な日本に注目して、日本人に人材育成・教育を施してもらおうということだ。サウジアラビアはまた女子校生の制服にセーラー服を採用したようで、ウィキペディアのアラビア語版でも「サイラール・フークー」というアラビア語音訳で説明がなされている。またドバイには市内交通としてモノレールが開通したが、これも日本に設計と建設を依頼したものだ。

中東アラブ人に日本への関心と期待が高まったのはラマダーン（イスラーム教の断食月）期間中の毎日断食明けの夕方に放送されているサウジのＴＶドキュメンタリー番組「ハワートル」（視点）で２００９年に日本が特集されたことだといわれる。15分と短いが30回放送された。

筆者は２０１２年ドバイでこれのＤＶＤを手に入れてみたが、実によくできている。日本のウオシュレット（温水洗浄便座）、タクシーの清潔さと交通マナーのよさ、小学校の放課後の清掃と手洗いの習慣、神社参拝、財布を落としたら交番に届けたカップル、デパートの開店時間の厳守と客が守っているところなど、日本の良さを描いたものであった。しかも良かったのは日本政府を通さず、勝手に取材したため、アラブ人の視点での発見がちりばめられていたところだ。確かにこれを見ればアラブ人でなくても日本が好きになりそうだ。

これがすべてではないにしても、実際アラブ諸国から日本に訪れる観光客は、この番組に出てきたシーンを特に写真に撮ったりしているケースが多いらしい。

中東のテレビ局としては、有名なアルジャジーラはカタールのドーハに本社があり、筆者はこれまで二度ほど訪ねたことがある。ここもスタンスは親日、反中である。広報室を訪ねたところ、アルジャジーラに関する日本で出た本が6冊あると言っていた。日本語の本をそこまで丹念に集めているのに驚いた。

アニメ情報誌も盛ん

世界各地では日本の最新アニメの情報を紹介するアニメ情報誌が発行されている。

台湾では、同人誌即売会ファンシー・フロンティアおよびプチ・ファンシーを実施する業者が、『Frontier（フロンティア）』というアニメ情報の月刊誌を発行している。韓

『娘TYPE』韓国版

『ニュータイプ』韓国版

『ANIME LAND』フランス

『Frontier』台湾

『MONDO』ハンガリー

『KYAA!』ポーランド

『koneko』ドイツ

『anime recommendations』フィリピン

『Kreko』マレーシア

『ANIMONSTAR』
インドネシア

『MyM』英国

タイのアニメ情報誌

国では、大元《テウォン》メディアという企業が、漫画やラノベ翻訳のほか、前述したように日本の『ニュータイプ』と『娘ＴＹＰＥ（ニャンタイプ）』の韓国版を発行している。韓国と台湾では、『少年ジャンプ』を模倣した漫画月刊誌もいくつか出ている。

意外と多いのがフィリピンである。*otakuzine* という雑誌が、その特別版として、*otaku vault* および *anime recommendations* という小型のアニメ情報誌を発行しており、コンビニでも売られている。また *anime asia magazine* という雑誌もある。

マレーシアは漫画連載を主体にアニメやコスプレ情報を含むものがいくつも出ている。華語（北京語）の『漫画週刊』、『漫画王』、*Kakoii*、マレー語で *Kreko*、*GEMPAK*、華語とマレー語両方で *e-pop*。隣のインドネシアでは *ANIMONSTAR* がある。この編集長は日本の雑誌にも東南アジアのアニメファン事情を投稿したり、日本の声優やアニソン歌手にもインタビューするなど精力的である。

タイでは漫画月刊誌がいくつか出ているほか、アニメ情報誌やコスプレ専門雑誌も出ている。ただし筆者はタイ語が読めないので、詳細にはわからない。

中国では『動画基地』という雑誌があったが、２０１２年には『動感新時代』に切りかわったようだ。

英語圏では米国の*OTAKU USA*、英国の*MyM*、*neo*（ネオ）がある。フランスでは*ANIME LAND*（アニメランド）が月刊で200号近く発行されている長寿雑誌だ。ドイツは*koneko*（コネコ）、ハンガリーは*MONDO*（問答）がある。ポーランドでは*ARIGATO*、*otaku*、*KYAA!*の3種類を見かけた。

第3章

日本文化・生活スタイルの魅力が世界へ

ハルヒとみくる（パリのジャパンエキスポ2012にて）

コスプレと聖地巡礼

前にアニメは中間層に浸透していると書いたが、日本より平均所得水準が低いアジア諸国では、中間層はそれなりに金を持っている階層である。またカネがないとアニメ好きを維持できない。

というのも、アニメはアニメだけでなく、そこから派生した文化も種類に富んでいる。ソフト円盤収集、フィギュア収集、コスプレ、痛絵馬（アニメを描いた絵馬）、痛車（アニメを描いた車）、聖地巡礼である。これらは日本人であれば中の下の階層でも十分可能なものだが、アジア諸国の平均レベルを考えれば、いずれもかなりの出費となるものである。

それでもたとえばコスプレを楽しむ若者がアジア諸国で急速に増えているのである。

コスプレといえば、欧州とアジアでは大きな違いがある。欧州、特にフランスでは仮面舞踏会の伝統、自己顕示欲の強さ、気温と湿度の相対的低さなどの原因からか、自宅と会場の間でもコスプレのまま移動しているし、フランスでは高齢者のレイヤーもいる。

これに対して、アジア人は日本、台湾、香港、韓国、タイ、マレーシアなど国を問わず、自宅と会場は普通の格好で往復し、小さなスーツケースに入れたコスプレ衣装には会場近くで着替えるので、高齢者のレイヤーはほぼ見かけない。中にはなぜか写真を撮られることにすら消極的な人もいる（なんためのコスプレなのか意味がわからないが）。

また日本のアニメオタクは独特の偏執的な話し方に特徴があるが、こうした話し方の特徴もまた世界のアニメオタクにそのまま伝播している。つまり、アニメオタクは独自の生活スタイルを創造しているのだ。

しかも日本で開かれるコンサートは、日本人だけとは限らない。台湾、香港、韓国、シンガポールあたりからもファンがやってくる。

また、ニコニコ動画のアニメ関連動画へのコメントでは、台湾人が日本語で書き込んでいるものもかなり多いと推測される。

聖地巡礼とは、アニメのロケハン（舞台を描くためのロケ）になった場所や制作会社を見て回る行為を言う。日本人の間では1970年代の「フランダースの犬」のベルギー訪問などが始まりだが、「本来観光地でもなんでもない場所がアニメ舞台になったというだけで聖地と化した」という意味では、2002年の「おねがい☆ティーチャー」

の舞台・長野県大町市が最初だったという説がある。またアニメを町おこしとして活用した最初の例は2007年放映の「らき☆すた」の舞台地・埼玉県久喜市の鷲宮神社周辺だと見られる。

このアニメ聖地巡礼のスタイルは、世界のアニメファン、特にアジア近隣諸国にも伝播している。特に台湾と香港には熱心な巡礼客がいて、台湾と香港からの若者を、特に著名な観光地ではない場所で見かけたとしたら、ほぼアニメ聖地巡礼客だと見て間違いないだろう。

筆者が台湾のイベントで会った香港の熱心なアニメファン「ももこ」（ペンネ

香港、ももこによる聖地巡礼冊子「かんなぎ」

同「true tears」

ーム）は、年に6回は年休をとって日本の聖地巡礼に出かけており、そのうち「かんなぎ」（宮城県）、「true tears」（富山県）については、日中両語での解説を付した冊子にまとめている。「今度英国とイタリアに行きたいが、別に欧州が好きなんじゃない。『けいおん！』と『インフィニット・ストラトス』の聖地だから、行きたいだけ」などと日本語で力説していた。

以上まとめると、コスプレ、聖地巡礼、それから先に取り上げたラノべは、クールジャパンの世界への広がり、国全体の平均的な豊かさ、中間層の台頭を示す指標だといえそうだ。「コスプレ指標」「ラノべ指標」などと呼んで、どこかが指標を毎年調査して発表してもいいものなのかもしれない。

世界を席捲するハルキとハルヒ

文学の世界に目を転じると、現代日本作家の代表は村上春樹ということになろう。筆者は個人的には村上文学はそれほど好きではない。だが世界的に多くのファンを獲得していることは事実である。特に台湾と韓国では大学院の日本文学専攻の学位論文のテーマの典型となっているくらい、人気が高いことは確かだ。

村上春樹は「英語で考えながら文章を書いている」と言われていることもあって、その無国籍的で地球市民的なところが一部日本ナショナリストから批判を浴びている。しかし、海外のファンから見たら、やはり「日本のハルキ」という日本的属性は否定しようがない。つまり、確かに地球市民的なところが現代の若者にマッチしていて、受け入れられやすい半面、しょせんは村上の母語は日本語であり、英語以外の言語（スペイン語や中国語など）を考慮しているわけではないし、それは不可能なので、やはり海外の読者から見ればどうしても日本語の癖が現れてしまう。そこは海外の読者は、それぞれの訳本を通じて感じるものなので、やはりハルキは日本を代表する文学ということになり、ハルキファンは日本ファンにもなる。

ハルキのついでに単に語呂合わせになるのだが、ハルヒについても触れておこう。これはライトノベル（ラノベ）原作で、２００６年にアニメが放映され話題となった「涼宮ハルヒ」シリーズのことである。ハルキほどは全年代的な知名度はないが、一字違いのハルヒのほうも、やはり世界の若者の間では、日本の大衆文化を代表する作品である。

関西出身・在住の谷川流が原作、大阪在住のいとうのいぢがイラストを描いたこのシリーズは、第一作「涼宮ハルヒの憂鬱」から話題を呼び、シリーズは２０１１年に出た最新作「涼宮ハルヒの驚愕」上・下まで計11巻、日本での累計８００万部（２０１１年６月）、さらに台湾、韓国、米国、タイ、イタリアなどで世界15カ国で発売されている文庫とコミックスと合わせた累計部数は１６５０万部に達するという。

あらすじとしては、高校に入り日常を大きく変える超常的現象を起こしたいと思っている主人公が、本人が意識することなく、超人を集め、超常現象を起こしていくという話で、ジャンルとしてはＳＦ風味の学園ラブコメである。登場人物たちの個人や日常が、世界や地球の運命に直結するというセカイ系の典型的作品としてもしばしば言及される。

２００６年に京都アニメーションが制作したアニメ第１期は、放映局が大都市圏ＵＨＦ局だけという地味な扱いだったが、インパクトのある主題歌とそのアニメーション、回をシャッフルさせた奇抜な演出、京アニの名前を不動のものにした魅力的な作画などからネットで話題を呼んだ。一説には前年に登場した動画サイト「YouTube」の再生回数が最初に１０００万回の大台を超え、当初は YouTube のコメント付け機能から出発した日本のニコニコ動画の呼び水になるなど、動画サイトが瞬く間に成長するきっかけとなったのが、このハルヒ関連の動画だったという説もあるくらいだ（「涼宮ハルヒのユリイカ！」ユリイカ２０１１年7月臨時増刊号）。

ちなみに、この２００６年はまた、日本の現在のアニメ隆盛のエポックメイキングになった年でもある。年間制作本数も多く、アニメソフト円盤の販売総額も史上最大を記録した。ハルヒ以外でも、「銀魂」「コードギアス　反逆のルルーシュ」「桜蘭高校ホスト部」「DEATH NOTE」「うたわれるもの」「kanon」「ひぐらしのなく頃に」「ゼロの使い魔」「N・H・Kにようこそ！」「Fate/stay night」「彩雲国物語」「BLACK LAGOON The Second Barrage」「びんちょうタン」と、後年名作と呼ばれる作品が目白押しだった。また翌２００７年も豊作の年で、「天元突破グレンラガン」「みなみけ」「電脳コイル」「らき☆すた」「CLANNAD－クラナド」「さよなら絶望先生」「ハヤテのごとく！」「のだめカンタービレ」、劇場版では「秒速5センチメートル」などがあった。

ハルヒがその中にあっても最良作といえるかは評価が分かれるところだろうが、ハルヒが放映された２００６年は今日にいたる日本製アニメに対する世界の高評価を決定づけた年であり、ハルヒはその象徴といえるアニメだった。その意味では「ハルキとハルヒ」は現代日本の文化を代表するものといえるのである。

そういえば、2012年のパリ・ジャパンエキスポでは、フランス人のハルヒ「儲」（信者＝熱狂的なファンを指すネットスラング）が特別にセッションを設けて、ハルヒがいかに哲学的にも意味があり、世界の文化シーンを変えたかをまさに信者の語り口で滔々と述べていた。

これにはフランス人のアニメファンの間でも議論のあるところで、2011年にはそのサイトの炎上事件が起きたらしいが、いずれにしてもフランスでもそこまで話題を呼んだハルヒはすごいといえる。

ミズキは一郎か奈々か

アニメの話題ついでに言及するなら、アニメソング（アニソン）の歌手で、ミズキという苗字の歌手が二人いる。漢字は違うが、「深愛」の水樹奈々と答えるか、「マジンガーZ」の水木一郎と答えるかで、その人の年代もわかる。

とはいえ、学生に聞いたところ、天邪鬼というか、わざと水木一郎と答えるのもいた。一般的には水樹奈々と答えるのは20代以下、水木一郎は40代以上で、30代はその中間といったところだろうと思う。水樹奈々は紅白歌合戦に２００９年末から登場しているので、全世代に知られていてもよさそうなものだが、50代以上にはほとんど知られていないようだ。水木一郎はひょっとして10代だと知らない人も多いかもしれない。

近頃の若い世代は、「好きなタレント」というとアニメ声優、好きな歌というとその声優の歌を挙げるのが半数はいる。大学駅伝の出場者は「好きなタレント」を公表しているが、半数が声優で、しかも優勝者が好きだとした声優は、その声優ファンがネットで声優の名前を挙げて「そのおかげだ」などと書き込みをするほどの「痛い儲」がいる。日本のポピュラー音楽というと、今やＡＫＢ系、嵐、ＥＸＩＬＥがヒットチャートを独占している観があるが、実は25歳以下の世代ではそうしたヒットチャートとは別の動きをしている。たとえばアニソンも大きな比重を占めている。

魅力的なアニソン

筆者も一部の売れ筋ばかりが独占するメインストリームのＪ－ＰＯＰよりも、アニソンなどの若者に人気のある歌のほうにいいものが多いと感じている。アニソンのほうが曲調も多様だし、多様なアーティストが参入しているので、生物多様性ではないが、それだけ面白みもあるのだ。

またアニソン以外にも、初音ミクや鏡音リン・レンなどのＶＯＣＡＬＯＩＤ（略してボカロ）、ニコニコ動画などで活躍する素人の「歌い手」なども10代には人気がある。「歌」というと、ＣＤショップで売られていて、ラジオやテレビで流れているものだけでなく、ネットというプラットフォームでのダウンロードが重要になっている。これも中高年には理解できないところだろう（筆者自身も実はよくわからないところもある）。

また、40代以上にとってアニメ声優とは、単に声と演技力があればよく、顔は問わなかったが、今やビジュアルも重要な要素で、しかも歌えることも必要となっていてコンサートも開かれる。下手なタレントよりもビジュアルもよく、人気が高かったりする。

そして、日本でも人気が高い声優は海外でも知られており、ファンサイトも存在することになる。

コンサートといえば、アニソン歌手は武道館や横浜アリーナで公演することが多い。メインストリームの歌手だったらアルバムを何十万枚売らないととても開けない武道館公演も、アニソン歌手や声優だと3万枚程度で開けてしまう。なぜなら、アニメファンは「忠誠度」といって、きわめて行動的なのが特徴である。「儲」という言葉がしばしば使われるのはこのためだが、CDの売上枚数と同じ数のファンがコンサートにも出かけるのである。

また、今の大学生から中学生の世代には、軽音楽バンドが人気だ。そのため楽器店も繁盛している。これは2009年に1期、2010年に2期が放映されたテレビアニメ「けいおん!」（2期は「けいおん!!」）の影響だといえる。女子高生によるゆるい会話が中心の日常系アニメであるが、描かれた女子高生のキャラクター設定がどれも明確かつ魅力的でかわいかったこと、使われた楽曲がよかったことから、放映時は深夜にもかかわらず視聴率10%超えで、おそらく当時10代なら7~8割は見ていたとみられる、大きな社会現象となったアニメであった。ところが、若者に軽音バンドが流行っていることを知っていてもそれがアニメの影響であることを知らない中高年は多い。世代の断絶といってしまえばそれまでだが、もっと中高年もこれだけ世界的に広がりをもち、社会現象にもなっている現代アニメ文化に関心をもつべきではないか。

ちなみに、２０１３年現在では、既出のように「進撃の巨人」の人気と評判が高い。筆者が知る限り、20歳前後の学生の６～７割がアニメもしくは原作漫画を見ている。これは「けいおん！」以来の注目度である。

「日本の心」を意識するアニメ愛好者たち

日本のアニメを愛好する層は、アニメに込められたメッセージの普遍性と作りの緻密さに惹かれているのだが、同時にアニメに込められた「日本性」を強く意識し、日本のファン文化を模倣し、そして日本そのもののファンになるというパターンが多い。

日本性は、綿密で繊細なつくり方でも感じる場合もあるし、最近のアニメ作品がロケハンという具体的な場所から取材することもあって、その舞台地＝聖地への関心が高まる場合もある。それから最近のアニメは原発などの科学技術の失敗を受けて、加えてパワースポットブームもあって、神社をモチーフや背景に描くことも多い。「かんなぎ」「らき☆すた」などが典型だ。

「かんなぎ」といえば、筆者はそのモデルになった神社を２０１２年５月に訪ねたことがある。それは３・11被災地の一つである宮城県七ヶ浜町にある鼻節神社である。この神社は断崖に立っており、とくに表参道は足場も悪いが、波の音も聞こえるところにある。海面からおよそ８メートルしかない。ということはこのあたりなら神社も完全に津波に襲われてもおかしくなかったはずだ。ところが津波は本殿までは来なかったという。

その後七ヶ浜の海沿いの通りを歩いたり、南三陸町を見て回ったが、いずれも神社は小高いところにあるとはいえ、無傷だった。筆者は古来の民衆の知恵がそこにあると思う。これまで津波がかぶらなかったところを近代以前の民衆は「神業」と考え、そこに神社を立てたのだろう。しかし筆者が見るところそれは正しかった。

近代の文明化は唯物論に立って、そうした古来の知恵や伝承を「迷信」として徹底して排斥してきた。その行き着くところが原子力の利用である原発と原爆であるが、やはりそれこそ人智を超えた神の理に反するものではなかったか。原発事故を単に時の政権と東電の初動の失敗だけに帰する意見もあるが、それも唯物論の迷妄といえる。原発を推進してきた自民党は唯物論という点では共産党と同じ穴の狢だといえる。

自民党は伝統の知恵をないがしろにしたという意味で、実は保守ではない。今の日本には本来の意味での保守、そして健全な意味でのリベラルが存在しない点が問題である。

われわれ人類はやはり人智を超えるものに対する謙虚さが必要だと思った。古代の唯心論もそれはそれで愚かだったが、現代社会の唯物論一辺倒もまた愚かな精神的な態度だといえる。要するにバランスなのだろう。

その点でも日本のアニメはデジタル技術を駆使し、科学技術が発達した未来を舞台にすることはあっても、サイバーパンク的に科学の限界を指摘したり、善悪二元論では説明できない人間の心の複雑さを描くなど、物と心のバランスが取れた内容になっている。

アニメが３・11と原発事故を経験した日本を象徴するものとして、ますます世界の若者の心をとらえているのも、そうした内容にも原因があると考えられる。

遊び心がある日本人

ところで、日本人はドイツ人と民族性が似ているとされることが多い。五輪の入場行進で見られるように、集団でまとまり、冗談などあまりやらず生真面目で、清潔好きで、勤勉で、遵法精神が高いところだ。筆者も2012年にドイツを訪れる以前、欧州各地で見かけたドイツ人を見てそう思った。

ところが実際にドイツに行ってドイツ人を見ると、どこか違うと思った。まず、ドイツの人と街からは面白みを感じなかった。面白みという点では欧州ではフランス人が一番だし、イタリア人や、それから一般的に内気とされる英国人にもあると思う。面白いというのは、芸術や文化を支える遊び心である。

ドイツにも豊かな芸術や文化はある。しかし文学にしても映画にしても、どこか生真面目すぎるか、偏執狂的な内容で、遊び心が少ないように思える。ドイツの街は確かに清潔だが、フランスで感じるような躍動感が感じられないように思う。

日本は江戸時代の戯作や今のアニメやギャグマンガの多さ、さらにユーモラスな研究に対して贈られる「イグノーベル賞」をほぼ毎年受賞していることにも見られるように、強い遊び心があるし、それが日本文化の核になっている。だからこそ日本のアニメなどがフランス人やイタリア人にも受けるのではないかと思う。

「痛絵馬」

また、「らき☆すた」のモデルとなった埼玉県久喜市の鷲宮神社に行ったときのことだ。韓国語で書かれた絵馬に「独島（竹島）はわが（韓国の）土地」とあった。これも日本の神道ならではの寛容さだと思った。というのも、以前の韓国人なら神社そのものを軍国主義の象徴として忌避したところだが、今の若者は堂々とやってきて、さらに絵馬まで奉納するのだ。日本の神様に絵馬を奉納して祈っているとまで自覚していないかも知れないが、これこそが本来の神道のあり方だろう。日露戦争で戦死した敵方のロシア兵も日本の神道や仏教は祀って供養しているのだ。

ちなみに今どきアニメの舞台として登場した神社には、若者が大挙して訪れてアニメのキャラクターを描いた絵馬を奉納することが流行っており、そうした絵馬を俗に「痛

鷲宮神社の「痛絵馬」

韓国語で「独島はわれらが土地」と書かれた絵馬

絵馬」と称する。「痛絵馬」が特に多いところとしては、ほかにも「けいおん！」の京都市・今宮神社、「ひぐらしのなく頃に」の岐阜県大野郡白川村・白川八幡神社、「戦国ＢＡＳＡＲＡ」の直接の舞台ではないが仙台市・宮城県護国神社、アニメファンの聖地秋葉原の守り神でもある神田明神、「ガールズ＆パンツァー」の茨城県大洗町・大洗磯前神社が有名だ。

これが増えた初期のころ、２００７年ごろには、神社本庁や各神社で「不謹慎ではないか」などと議論があったらしい。しかし神社本庁の新聞でも議論された結果、「絵馬なんだから、奉納者がそれぞれ好きな絵を描くのは当然だろう」ということになって、現在は神社によっては撤去するところもあるが、ほとんどは黙認状態になっている。日本の神道は明治時代の国家神道というイデオロギー化を経て、戦後70年近くの平和の中で、本来の姿を取り戻したといってよい。そしてそれが韓国人も引き寄せることにつながっているわけだ。

アフリカ人が感心する日本のあり方

日本の伝統と技術のバランスという点では、サハラ以南のアフリカ諸国ではそうした日本への評価が高いらしい。といっても、筆者はまだ訪れたことがないので直接体験したものでなく、伝聞の域を出ないが、アフリカ諸国においては、日本が西欧によって植民地化されず、戦後経済成長を成し遂げながらも、日本古来の伝統的風習や儀礼を残し、しかもうまく調和と融合が取れている点について、驚嘆を示す人が多いという。

たとえば、今上天皇の即位の礼の際、日本の新聞記事で読んだ記憶だが、ガーナの指導者が神道と近代が融合した日本の姿に強く感心していたという。また筆者は中東に行くとアフリカの人たちから声をかけられることが多いが、多くは筆者を見てすぐに日本人だと見分けるばかりか、「日本は伝統と文明がうまく融合しているようだ。素晴らしい」と言ってくれる。

また3・11直後の2011年5月にレバノンを訪れた際には、ビルのエレベーターで鉢合わせたエチオピア人が、「日本人か。昨日、日本政府がエチオピアに多額の無償援助を決めたニュースを見た。日本自身が大変なときに、エチオピアに示した友情に感謝する」と満面の笑みで話してくれた。

西欧帝国主義によって痛めつけられたことで、現在も発展が阻害されているアフリカ諸国にとって、日本が伝統の様式も守りつつも近代化に成功している姿は、羨望の的であり、希望の星なのである。

また、２０１３年6月には横浜でアフリカ開発会議（ＴＩＣＡＤ）が開かれ、もはや単なる援助や支援でなく、投資などの話でもちきりだったという。またこれを旧宗主国の一つで、アフリカと密接な関係にあるフランスの雑誌なども、中国の横暴な進出へのアンチテーゼという期待もあるのか、好意的な論評を加えていた。

日本からアフリカは距離的にも心理的にも遠い。読者の多くもアフリカ諸国出身の友人はまずいないだろうし、そもそもアフリカ出身者に会った人も少ないだろう。

だが筆者の数少ない経験でいっても、アフリカ人は一般的に日本人に好意をしめしてくれる。これは大切にしたい。

文化の持つ大きな効果と価値

ところで、世界の若者で洋の東西を問わずに広がる日本のサブカル愛好者について、特にアジアの庶民層から大きな支持を集めている韓流などと比べて人口規模が少ない点を指摘して、「しょせんは世代が限られた、その中でもごく一部のオタクの趣味に過ぎない」と冷ややかな見方をする中高年が多い。中には「それで食っていけるのか」とか「しょせんは一過性のものだ」という人もいる。

しかし、そうだろうか。そもそもアニメや漫画は文化なのであって、文化というものを直接経済に換算しようとしたがる大人が多いのは、悪しき唯物論だといえると思う。そんなことといえば、源氏物語を書いた紫式部や、北斎漫画と総称される浮世絵の名作を描いた葛飾北斎は、それで食っていたわけではない。クラシック音楽の作曲家だって、作曲そのものの著作権収入で食えるようになったのはフランツ・レハール以降だといわれている。

一過性のものだというなら、そもそも「カネ儲けは重要である」という資本主義と市場原理が生まれたのは、人類の長い歴史の中でほんの新しい時期に過ぎないし、人類の文化史において著作権やそれにもとづく収入なる概念が生まれたのも、19世紀末期以降の一過性の概念に過ぎない。

文化というものは、人の心を豊かにするという大きな価値があるのであって、必ずしも貨幣価値だけに換算、還元できるものではない。貨幣価値に換算したら、紫式部は生前、源氏物語によって儲けていないわけだから、源氏物語は無意味なものだということになってしまう。古今東西あらゆる文学、芸術作品は、ほとんどが意味がないことになる。

何でも貨幣価値に置き換えないと気が済まないという発想こそが、きわめて偏頗で短絡的な一過性のイデオロギーというべきだろう。

違法アップサイトの効用

これに関連して、動画サイトに触れておこう。現在の日本をはじめとした先進国の著作権者は、やたらと著作権を振りかざして「違法アップ動画」の削除に血道をあげる傾向がある。

特に日本のアニメは世界の若者に人気があり、もともと動画サイトは若者の利用が多いので、日本アニメは世界の動画サイトの大きな比重を占める。たとえば中国のＹｏｕｋｕ（優酷）やＴｕｄｏｕ（土豆）には、映画などとならんで「動漫」つまり日本アニメも一つのジャンルとなっている。著作権に厳しいはずの先進国の動画サイトにもたくさんの日本アニメがアップされており、日本アニメ専門動画サイトも多い。

しかし筆者に言わせるなら、違法動画へのクレームは、無駄なことをやっていると思う。日本のアニメ著作権者は以前、中国を違法アップの本場と見なしていたので、中国に対して削除要請や有料化などの働きかけを行っていた。中国の主要サイトは２０１２年ごろまでに協力的になり、中国以外では日本のアニメ動画を見られなくしたり、日本の権利者にペイバックする制度で有料化したりした。

無駄だというのは、これがいたちごっこで、対処できるものではないからである。実際中国が「片付いた」と思ったら、今度は２０１３年からは、ベトナムで様々な動画サイトが登場している。ベトナムだけでない。実は先進国にもそうしたアニメ動画サイトは多いし、今後さらに経済成長する国がアジア・アフリカに増えることが見込まれるので、「違法アップサイト」は世界中にねずみ算式に広がるだろう。とても対処できるとは思えない。

そもそも文化商品というものは、文化財であり、それで収益をあげるよりは、より多くの人に見られ、愛されてナンボなはずだ。

文化作品は多くの人に知られるべきもの

「違法アップが増えると、商品が売れなくなり、製作コストが回収できず、結果的に作品が作れなくなる」などという声は大きいが、そんなことを言っているのは、一部の売れっ子作家と、アニメでいえば製作委員会で声が大きい広告代理店やテレビ局だけであり、なおかつ正論ではない。

そもそも、アニメでいえば制作に直接タッチしている監督やアニメーターの多くは、「多くの人に知られたほうがいい」という立場だし、そもそも「コスト回収」というが、回収されたコストは、実際に現場で働いているアニメーターや声優には振り向けられずに、広告代理店やテレビ局が獲得しているのが実情だ。

もちろんアニメーターには、アニメ制作が三度の飯より好きで、カネは度外視という、価値志向の人が多いのは確かだ。しかし実際に良質のアニメが作られるのは、そうしたカネは度外視で価値志向を持ったアニメーターのおかげなのであろう。

筆者も日本に帰国した2012年秋以降、アニメを毎週10本以上は見ているが、それほど面白くない作品でも、アニメーターたちの愛を感じる。その点では、監督やアニメーターらの現場こそが偉い。

そして、現場の薄給で働いている人ほど、「より多くの人に楽しんでもらいたい」と考えている。であれば一部稼いでいる人たちが「コストを回収できなければ」と言って違法アップ摘発に血道をあげるのも、それほど説得的とはいえない。もし本気で違法アップを駆逐したいというなら、回収されたコストを現場の人たちに還元すべきではないのか？　還元したからといってさらに良い作品ができるとは限らないが、かといって現在のアニメ収益分配構造は明らかに不公平である（手塚治虫が創ったビジネスモデルだといわれるが）。

売れなくても価値がある文化作品

そもそも、文化作品の価値というものは、その作品が発表された当時で決まるものではないし、売れるから良い作品、売れないから悪い作品だということにはならない。

クラシックの名曲の一つ、チャイコフスキーの交響曲第6番「悲愴」も、初演からしばらくの間は酷評の嵐だった。またアニメについても、今日において史上最高のアニメ作品との呼び声が高いのは、おそらく宮崎駿監督の「天空の城ラピュタ」だろう。ところが、筆者が大学生だった1986年の公開当時、このアニメ映画の興行収入は惨憺たるもので、当時の評論家の多くも酷評だった。それが今ではテレビ放映されると、主人公たちが「バルス」と呪文を叫ぶ名シーンでは、ニコニコ動画、2ちゃんねる、ツイッターなどに書き込みが殺到し、サーバー負荷がオーバーしてダウンするという、一名「鯖（サーバーのこと）耐久試験」と呼ばれるほどのファンを獲得している。最近では2013年8月2日夜の「金曜ロードショー」で放映されたところ、秒速ツイート数（TPS）がそれまでの記録約3万4千回を軽く超える毎秒14万3199回（8月2日午後

11時21分50秒）と記録を塗り替えている。

また、これが最も重要なことなのだが、日本アニメによる成長への願望や平和の促進といった効果を考えるならば、そして日本の国益や世界平和という大局的な観点に立てば、「違法アップ削除」などに血道をあげるよりも、そうした観点で日本のアニメを広げることこそが人類の福祉と平和にとってプラスとなる。

著作権者や業者の個別利益だけを見ると、そうも言っていられないかもしれないが。

世界平和に貢献する日本のアニメ

しかしアニメを通じて日本の愛好者が増えれば、まさに韓流がそうだったように、観光、食文化、日本製品などに波及効果が及ぶことは間違いない。

また、特にアジア諸国においては、日本のアニメ愛好者は、教育レベルも家庭の所得水準も比較的高い若者が多い。将来オピニオンや社会をリードするであろう階層の大多数がアニメファンで、そこから親日家でもあるということは、20年後の日本の外交戦略を考えれば、きわめて大きな資産であり、武器であるといえる。しかも、今後アジア・

アフリカ諸国が経済成長していけば、そうした階層もどんどん増え、親日家がどんどん増えるということでもある。

先に文化はカネの問題ではないと書いたことと矛盾するが、こうした観点からみれば、日本のアニメ文化は、短期的に個別業界の収益にはつながらなくても、他業種への波及効果を考えれば収益面で大きく、将来的にはより大きな利益にもつながりうるのである。

しかも日本のアニメ文化の効果はそれだけではない。筆者が見るところ、なんと世界平和にも貢献しているのである。

２０１０年以前の YouTube では、マップのボタンをクリックすると、世界地図が現れ、どの国でその動画がよく見られているかがわかるようになっていた。そのときの経験では、イラクやスーダンなどの紛争地域でも、平和が進むたびに、少しずつアニメの視聴が増えていた。ここから、平和になれば日本のアニメが好まれ、また日本のアニメを見ていたら、戦争などアホらしくなって減ってくるという推論が成り立つ。

日本のラノベやアニメのジャンルとして「セカイ系」というのがある。個人や友人といった狭い世界の出来事が、中間項をすっ飛ばして、人類や地球全体の命運に関わっているという物語の構造で、前述の「ハルヒ」が代表的だとされる。しかしこれは飛躍した話でも何でもなくて、実は「ハルヒ」以降の日本のアニメが実践したことでもあるといえる。

アニメーターはただ制作が好きだから、製作委員会の経営陣がコスト回収を優先したいからなどと、いわば個人的な発想で行ってきたことが、実は日本の国益と世界平和に大きな貢献をしている、つまりセカイ系を地で行くようなことを日本のアニメ業界は行ってきたのであり、今後ともそれが拡大していくのである。その点、アニメ業界の人にはもっと自覚してもらいたいと、筆者は考える。

日本のキャラクター好きの伝統

ところで、今日の日本のアニメや漫画はジャンルが多様で、米国のような単純な善悪二元論ではないストーリーの緻密さと多様さ、作画の緻密さ、キャラクター設定の面白さなど、その質の高さにその強みがある。

それはもはやサブカルチャーどころか、レンタルショップTSUTAYAのキャッチフレーズにもあるように「日本の文化」、主流で代表的なカルチャーといって過言ではない。

だが、液晶テレビやＩＴ技術などと同じように、アニメなどもまた中国や韓国に模倣され、いつの日か中韓に追い抜かれるときが来るのではないかという疑問を抱く人もいるだろう。

しかし、筆者が見るところ、日本のアニメ・漫画文化は一朝一夕に生まれたものでなく、日本の風土の中で長い蓄積のうえに育まれてきたものであって、中韓などが追い抜くことはほとんど不可能であると思う。

そもそも源氏物語などの中世文学（というより文芸と呼ぶべきものだろうが）を見ればわかるように、今日のアニメ文化の核となっている登場人物の事細かなキャラクター設定が、すでになれていることに気付く。外国の文学にもキャラクター設定がないわけではない。だが事細かく、それを魅力的に描き出すことにかけては日本の右に出るものはない。

そもそも「源氏物語」「夜の寝覚」「浜松中納言物語」「とりかへばや物語」など日本

の中世文学作品のプロットや設定を見ると、きわめて躍動的でマンガチックな現代のラノベに通ずるものがある。とりわけ「とりかへばや」に至っては実際に氷室冴子のラノベ「ざ・ちぇんじ！」の元ネタになっているように、文体から展開までほとんどラノベといってよい。

また漫画の起源ともされる「鳥獣戯画」から源氏絵巻の数々、日本では絵が文芸と合体した漫画類似作品の伝統が中世から存在し、江戸時代18世紀以降に登場した、黄表紙など戯作文学は、今日のラノベや漫画の根底となるものを完成させている。戯作文学の代表作で恋川春町著・画の「金金先生栄華夢（きんきんせんせいえいがのゆめ）」（１７７５年）は漫画チックな描写と絵がある。葛飾北斎による１８２０年頃の艶本「喜能会之故真通」（きのえのこまつ）の中の木版画の一枚「蛸と海女」（たことあま）は今日のポルノマンガのジャンル「触手」系の嚆矢と見なされている。

それから言うまでもなく、フランス印象派などに多大な影響を与えたとされる浮世絵の伝統も、今日のマンガやアニメの一部にみられる緻密な作画の歴史的な基盤となったといえる。

そうした歴史的伝統や蓄積を持っているのはアジアでは日本だけであり、アジアでこの分野で日本を超える国が今後登場することはまずないだろう。

ちなみに、欧州においてフランスでは、日本のアニメや漫画の評価が高いが、それはフランス自身が欧州一の文化国家であり、文化へのリスペクトが強いためでもあるが、そういうフランス人に日本文化が愛好されているところに、日本文化の質の高さが証明されているといってよい。

欧州ではフランス以外でも日本文化の愛好者は多い。２０１２年６月前後に欧

ポーランド・クラクフにあるマンガミュージアム

州10か国を1か月半かけて旅したが、チェコ、ハンガリー、ポーランド、ドイツ、フランスなどの書店で、いずれも古事記の翻訳が平積みになっていたのが印象的だった。後から調べると2012年は古事記1300年紀だったからなのだが、アニメや漫画、村上春樹、源氏物語のような有名作品だけでなく、古事記のような古典まで注目されていることに筆者は驚いた。

また、前述したが、ポーランドでは日本の古典・伝統文化に関する本が書店のかなりの比重を占めていた。同国の古都クラクフには「マンガミュージアム」がある。といっても別に現代のマンガが置いてあるわけではなく、北斎漫画から命名されたもの。日本の浮世絵を中心に日本の伝統および近代美術作品を集めた美術館で、同時に市の名物にもなっている。

ハンガリーでも、日本語学習者の多くはアニメよりも、武術や伝統文化への関心からだという。

日本アニメ衰退の懸念材料

ただ一方では、アニメに見られる日本の豊かな現代文化の将来に関して、懸念材料が存在しないわけではない。

まず教育政策がぶれにぶれて大局的な観点がまったくない点が問題だ。ゆとり教育を批判する人は多いが、それはゆとりという思想そのものが悪いわけではなく、もっと教師と生徒の信頼性をはぐくむように、教師に時間的余裕を与えたり、生徒に外で遊ばせたりすればよかった。それが円周率を簡略化しようとしたりとか方向性がおかしかったのが問題なのだ。ところがゆとり批判の世論が盛り上がると、文科省は今度は管理強化に向かい、授業時間だけ増やし、教師と生徒を縛りつけようとする。大学の休みも減らそうとする。そのくせ初等教育の基本ともいえる国語は増えず、英語を増やそうとしたりする。方向性がおかしい。だから官僚が批判されるのだ。これが日本の文化を衰退させる原因になるかもしれない。

さらに少子化の進展で、そもそも人材の母体が縮小していることだ。２００６年にアニメのソフト売上高がピークを迎えた以降、売上は低下の一途をたどっている。コミックも売上ナンバーワンの「ワンピース」のほか「君に届け」「進撃の巨人」などのミリオンセラーは好調だが、一部作品の寡占化が進んでいるだけで、市場全体は縮小傾向にある。

だからこそ、韓国のポップ音楽（K‐POP）がそうであるように、海外への進出をもっと強化する必要がある。だがそれでも日本は1億2000万人も抱える人口大国で、しかも中間層の規模ではおそらく世界最大である。日本の固定ファンへのサービスや開発の時間を海外展開に割いても得られる収益は少子化を埋め合わせるほどではない。つまり海外展開のコストパフォーマンスはよくない。

なので日本の業界には、アニメに限らず音楽、文学、ドラマ、映画などにおいても、海外展開を本格化させる意欲はきわめて薄い。

だが少子化は待ったなしの現象であり、このままのスピードで行けば、海外展開のコストパフォーマンスのほうが上回ることもありえそうである。そのためにも、基礎調査くらいはすべきだと思うのだが。もっともその辺は国や学術界が率先して行う必要があるのかも知れない。

警戒すべき規制強化と供給過多

一方、海外展開の効率が悪いといって二の足を踏んでいるわりには矛盾した現象もみられる。それは業界が目先の利益に汲々としたり、あるいは著作権意識に厳格になったりして、規制を強化しようとしていることである。

これは実際にすでに実施されている違法ダウンロードを厳罰化、石原慎太郎が都知事時代に推進した「児童ポルノ」規制強化に始まっていることだが、今後懸念されるのは、今はまだ黙認状態になっているが、今後業界が間違って二次創作などに目くじらを立てたりしかねないことである。

そもそも日本の創作活動の源泉は、厳密にいえばすべて違法にあたるであろう同人活動・児童ポルノ・二次創作・パロディにある。児童ポルノといえば、日本が世界に誇る古典・源氏物語から江戸時代の戯作にいたるまで児童ポルノが含まれており、石原慎太郎の小説にもある。また、ＣＬＡＭＰ、赤松健ら、同人活動からプロの漫画作家がたくさん育ってきたといった歴史を考えれば、これ以上の規制強化は、確実に人々の創意や後進輩出の道を塞ぐことになる。短期的利益に目がくらみ、法律や道徳を厳格に解釈する石頭は、日本を駄目にする元凶である。

また今のアニメは粗製乱造とはいえないが、明らかに制作本数、供給過多の状態だ。劇場版やOVAを含めれば、年間で40タイトル以上が制作されているが、実際には駄作ではないが、これだけ多ければ1シーズンごとの「覇権」（1番人気）と3～4本以外は歴史の闇に埋もれてしまう。

またこれでは原作や企画が払底しかねないという懸念がある。制作本数が多すぎて、従来のように定評がある漫画やラノベを原作とするだけでなく、それほど良質ではない原作を使うものも増えている。その一方で十分な企画時間がないために、オリジナルや名作小説を基盤としたものはきわめて少ないところも問題だ。また、いろんな事情があるのだろうが「よつばと！」や「からくりサーカス」など評価の高い漫画がいまだにアニメ化されていないし、「ベルセルク」あたりも以前アニメ化された以降の話も盛り込んで、現代の技術で再度アニメ化してほしいと思う。

１００均もアジアでは高級品

アニメ以外で日本の強い分野としては、小売業態と日本食が挙げられると思う。日本食の中でも寿司は今や世界各地で大人気だ。

といっても多くの国では日本人でなく、賃金の問題もあって、日本で修業経験があるが安く雇えるフィリピン人や中国人が寿司を握っていることが多いのだが、アニメがあまり入っていないようなエジプトやレバノンあたりでも寿司店はどんどん増えている。

小売では、ウォルマートを抱える米国が相変わらず世界最強で、カルフール、ジェアン（グループ・カジノ）、ＦＮＡＣを抱えるフランス、テスコを擁する英国も強く、世界的には日本はいまひとつだ。

それでもアジア諸国では、マレーシアと中国でイオンが強く、マレーシア、インドネシア、シンガポールでは紀伊国屋書店が最大店舗となっている。コンビニは台湾と韓国とタイではファミリーマートをよく見かける。

また注目されるのは、ダイソーに代表される１００均ショップである。韓国、台湾、タイではダイソーの店があちこちにあるし、フィリピンでも100均ショップを真似て日本の100均商品をそろえた店がいくつか見られる。

しかも面白いことに、日本では100均といえば安くて品質が若干劣るイメージがあるが、アジア諸国では中間層が買うちょっとした良質品になっているのだ。日本基準では品質が劣るといっても、日本には最低品質基準があるから、それこそなんでもありの米国の安い店に比べたら品質は良い。

さらに、日本から再輸入しているためもあって、各国のダイソーは日本より価

台湾ダイソー・台北駅前店

格がやや高めになっている。台湾で39元（１４０円強）、韓国で２０００ウォン（１７０〜１８０円強）は所得水準が半分程度であることを考えれば高めだ。タイでは59バーツ、フィリピンで75ペソは、日本でいえばそれぞれ５００円以上に相当する値段だ。

しかしそれでも現地の市場などで売られている、現地庶民価格の商品に比べれば、やはり日本で流通しているものだけに高級で良質である。アジア人からすれば、日本円の１００円だって高額だし、１００均商品ですら良品なのである。

また、日本の店ではなく、英国発祥の衣料販売チェーン店に「SuperDry」というのがある。この店をベルギーで見かけて驚いた。なんと「極度乾燥（しなさい）」という日本語が書かれているのである。この店は欧州や中東の一部には出店しているので、欧州方面を旅行した人なら知っていると思う。もちろん日本語としてはおかしいのだが、純粋に英国の店が、わざわざ商標に使い、それが多国籍展開しているところが注目される。これもクールジャパンの一種だろう。

政府が過度に関与するな

日本政府は日本大衆文化の力に数年前から着目し、２０１０年6月には経済産業省製造産業局に「クール・ジャパン室」を設置、クリエイティブ産業（デザイン、アニメ、ファッション、映画など）の海外進出促進、国内外への発信や人材育成等などに取り組んでいる。またクールジャパンは２０１２年に発足した第二次安倍内閣にとって海外戦略の柱の一つでもあり、政府がクールジャパン推進会議を設けて行動戦略などを練っている。

もっとも筆者は政府が文化にあまりに深く関与することには懐疑的かつ批判的である。それは文化に国家が介入したり先導することは、戦前の日本、ナチスドイツ、ソ連などの全体主義的な思考であり、文化というものはあくまでも民間の創意工夫に委ねるべきだと思うからである。実際に日本の大衆文化はそうした政府の関与がまったくない形でこそ発展してきたのである。

また政府が関与すると、どうしても官僚に代表される中高年の視点と感覚がまかり通り、頓珍漢な結論になりがちなところも問題だ。実際、クールジャパン推進会議の顔ぶれを見ても、本当に現在の若者文化がわかっているのか疑問に思う。なぜクールジャパンといいながら若い世代を積極的に招かないのか、理解できない。これではやはり官僚システムの硬直化や税金の無駄遣いと批判されても仕方がないと思う。

ただし、これは政府がまったく関与してはいけないという意味ではない。民間ではどうしてもできないことについて、政府が支援したりすることは問題ない。たとえば日本のマンガにアクセスしたいと思っている途上国で日本のマンガの翻訳本を出すために助成するといった場合である。ただ、あくまでも政府の役割は控え目なバックアップであるべきである。

日本文化は韓流に押されてなどいない――博報堂調査の誤り

ここで「クールジャパン」と対比して取り上げられることが多い「韓流」（韓国ドラマ、Ｋ－ＰＯＰ）について簡単に触れておきたい。

一部には「韓流が広がったことで日本文化が劣勢に立たされている」という見方が広

がっている。どうやら博報堂が２０１１年7月に発表したGlobal HABIT調査「アジア10都市における日・韓・欧米コンテンツ受容性比較」が発端になっているようである（中身はネットでも閲覧できる）。

博報堂は同調査報告の中で、「マンガ・アニメ」は日本、「ドラマ」は韓国と欧米、「映画」と「音楽」は欧米がぞれぞれアジア諸国では強いとして、《かつて、マンガ・アニメ」、「ドラマ」、「音楽」、「メイク・ファッション」といった日本コンテンツはＡＳＥＡＮを含めアジア各国で強い影響力を持っていましたが、現在は韓国コンテンツに押されている状況にあることが分かりました》などと主張している。

しかし１９９０年代の日本大衆文化についても調査した『哈日族《ハーリー》』（光文社新書、絶版）以来、クールジャパンの動向を追いかけている筆者から見て、この博報堂の調査と指摘は、様々な点で的外れであるといえる。

筆者自身も韓流との対比については研究途上なので本書では詳しく議論しないが、ここで思いつく点を簡単に触れておこう。

1．受け入れている階層の違い

日本文化は学歴が高い中間層、韓流はどちらかというと学歴と所得が低い階層に受け入れられやすいと考えられる。はじめから土俵が違うので、「日本が韓国に押されている」などといえない。

2．1990年代香港文化→2000年代韓流

日本以外のアジアで1990年代以前に人気があったのは、香港のドラマや歌であった。韓国は日本から奪ったのではなく、2000年代になって香港の発信力が低下した間隙を埋めたと思われる。作りのチープさでは韓国と香港は似ている。

3．マレーシア・シンガポールでは韓国より台湾

博報堂調査は見落としているが、シンガポールやマレーシアでは、実は韓流よりも台湾のPOPSと台湾語ドラマの存在感が強い。また、マレーシアの広東系華人の間では香港のドラマや番組は根強い人気がある。したがって、台湾や香港の大衆文化を対象に含めない博報堂調査は重大な欠陥がある、といえる。

4．日本アニメは1990年代には浸透していなかった

博報堂調査はまるで1990年代にも日本のアニメがアジアで隆盛だったような書き

方をしているが、歴史を知らない。１９９０年代といえばセル画であり、デジタル化した現在のように大量生産はされていない。アジアに浸透するほどの量はなかった。

上記2で指摘したように、１９９０年代以前のアジアにおいて「大衆文化」とは、許冠傑、達明一派、林子祥、譚詠麟、草蜢、Beyond、梅艶芳、陳百強らに代表される、香港カルチャーのことだった。また、１９９７年の中国復帰以降は衰退が著しいとはいえ、黎明、劉徳華、張學友、郭富城、古巨基、陳奕迅、王傑、周潤發、張國榮、梁朝偉、周華建、劉青雲、張曼玉、鄭秀文、劉嘉玲、周迅、莫文蔚、王菲、林憶蓮、陳慧琳、謝霆鋒らを輩出しており、東南アジアでは人気が続いている。

しかし、１９９０年代に香港がアジアにおける大衆文化の主導権を握っていた時代にあっても、日本が強かった分野がある。それは漫画、文学、それからファッションである。しかも、これらのジャンルについては、浸透力がさらに強まっている。

漫画については、第2章で触れた通り、アニメ、ラノベ、ボカロなどとともに近年、とみに浸透力を増強させており、世界各地に広がっている。

文学についていえば、源氏物語や古事記などの古典作品から、村上春樹、よしもとばななななどの現代作品にいたるまで、アジア諸国でも欧米でも広く知られている。逆に、韓国や中国の文学は、文化的に近いベトナムではそこそこ知られているが（特にベトナムは中国の現代小説が多数翻訳されている）、ベトナムを例外として世界的にほとんど知られていない。いわゆる「教養がない人」は、その土地の書店に行って文学の棚など見ないからこの点を無視しがちだ。博報堂の分析者もおそらく書店に足を運んだことがない種類の人なのであろう。文学については調査対象に入れていない。

ファッション分野も、これまたベトナムには中国のファッション雑誌が大量に入り込んでいるが、ベトナムをほぼ唯一の例外とすれば、アジア諸国で読まれているのは日本のファッション雑誌であり、模倣されているのは日本のスタイルとファッションである。

一方、アニメについても、現在のような隆盛は1990年代には見られなかった。90年代はセル画であり大量製作されていなかった。日本のアニメが評価され、世界に大量に出回るようになったのは、2000年代に入り、宮崎駿の「千と千尋の神隠し」が欧米で評価されたり、デジタル製作で作画が緻密になり、かつ大量製作が可能となって、さらに2006年前後に動画サイトが発達してからのことである。

いずれにしても、日本の大衆文化は決して韓流に押されて衰退しているわけではない。むしろ、今後東南アジアの成長につれて、中間層が増大し、日本の大衆文化はさらに需要が高まるとみて間違いない。

第4章

世界で高まる日本への評価

インドネシアで人気の「こっちむいて　みいこ」

世界の様々な指標で日本が上位

これまで見てきたように、世界の日本に対する評価は高い。しかも、それはいま現在の日本の文化やあり方が評価されているのである。また韓国の韓流は決して日本文化を脇に追いやるほどの力を持っているわけではない。分厚い中間層を主体にして発展してきた日本の国柄、日本文化のあり方こそが、現在の世界において求められているものであり、憧れの対象なのである。この本では、特にアニメとマンガに焦点を当てて、日本の素晴らしさとは何かを考えてきた。

ところが、それを当の日本人自身が気づいていない。気づいていないどころか、GDPをはじめとする経済面での「数字」にばかり焦点を当てて考える人が多い。GDPはまったく無意味とは言わないが、数ある指標の一つで、世界には様々な指標や観点がある。GDPや経済は人間の生活における多様な要素の一つにすぎない。

日本の評価の高さは、GDPや経済以外の指標に注目すると、見えてくることが多い。日本が常に上位に位置づけられている指標として、「世界に良い・悪い影響を与える国」

「世界平和度指数」「民主主義指数」「国家ブランド指数」「ソフトパワー指数」「人間開発指数」などがある。

また「ビザ免除・着地入国可能国数」も忘れてはならない重要な指標だ。３・11の被災地住民が見せた災害にもかかわらず暴動や略奪が起きず冷静にいられる「社会のモラルの高さ」、一定以上の高度な教育と知識が必要なスマートフォン（スマホ）をどれだけの人が使いこなせるかを含めた「ＩＴ機器リテラシーの高さ」なども日本が強い部分だ。

最初に挙げた「世界に良い・悪い影響を与える国」は、英国の公共放送ＢＢＣが各国のマスコミと協力して毎年行っている調査である。日本は「世界に良い影響を与えている」が世界で１、２を争う高さであり、「悪い影響を与えている」の比率を常に大きく上回っている。ただし中国、時々韓国だけは「日本は悪い影響を与えている」が多い。

「世界平和度指数」は、英国エコノミスト誌が内的状況（暴力、犯罪）および外的状況（軍事費、戦争）の24項目にわたって１４４か国を対象にしたものだ。

日本は犯罪発生率および戦争・テロの危険が低いことから、常に最上位に位置する。

２０１２年5位、11年3位、10年3位、９年7位、８年5位、７年5位だ。

これまでの1位は２０１２、11年がアイスランド、10、９年がニュージーランドで、12年は2位から4位までがデンマーク、ニュージーランド、カナダとなっており、先進国の中でも小国が有利になっていることがわかる。人口が1億を超え、さらに周辺に独裁国家が多く、いざこざが絶えない極東地域にあって、日本の３～7位というのは奇跡的ですらある。

２０１２年には、アジアの隣国台湾27位、韓国42位に対して、中国は89位と低く、米国も88位と中国と変わらない評価だ。

米国、中国、韓国は日本の侵略の過去史を糾弾する常連だが、自分たちは現在は日本よりもよほど非平和的なのである。日本の過去をあげつらうよりも、今現在の自分たちの醜い姿を少しは自省したらどうかと思う。

「民主主義指数」もやはり英エコノミスト誌傘下の研究所が世界１６７か国を対象に、２００６年から2年おきに発表しているもので、〝選挙手続きと多元主義〟〝政府の機能〟〝政治への参加〟〝政治文化〟〝市民の自由〟の５つの要素から評価した指数である。

日本はアジアで唯一、連続して上位30位の「完璧な民主主義国家」に入っている。最近では韓国も上位にランクされているが、台湾ですら「瑕疵のある民主主義」と、より低いランクであり、多くのアジア諸国は「非民主主義」という評価を受けている。

「人間開発指数」は国連の指標であり、平均余命、識字率、就学率、国内総生産によって決まり、1位はノルウェーで、日本は10位、韓国12位、台湾24位である。

「国家ブランド指数」は民間会社が発表しており、国民の寛大さ、（文化や宗教の）受容、政府の効率性と公平さ、国際問題への貢献、輸出製品、観光の魅力、文化遺産、現代文化など経済以外も含む多方面で調査したものだ。２００８年には日本5位で、ドイツ、フランス、英国、カナダに次ぐ。また「ソフトパワー指数」は英国メディア・モノクル社が実施するもので、日本は英米独仏およびスウェーデンに次ぐ6位だった。

ノービザで行ける国が多い日本人

ビザ免除国数であるが、日本人は日本のパスポートとお金さえあれば、自由に海外に行ける。ビザが免除か、着地ビザが簡単に取れる国がほとんどだからだ。数年前の統計では、日本人がノービザや着地ビザで行ける国の数は139か国にのぼり、アジアではダントツの1位で、世界でもスイスと米国につぐ3位である。その後さらに数が増えているので、ひょっとしたら日本は1位になっているかもしれない。

日本にしか住んだことがない日本人は、ビザについて意識する人はいない。だが、これほど海外における日本国の評価の高さを物語るものはない。

アジアで日本に次ぐのは韓国、香港、マレーシア、台湾だが、数年前の統計ではそれでも日本よりも10以上は少ない。しかもマレーシアは同じイスラーム圏の数が多いが欧州は少なく、韓国と台湾も欧州では日本より少ない。韓国人はいまでも欧米などで不法就労する例が多いから、信頼性が低いのだろうか。

日本人旅行者およびパスポートの信頼性は抜群である。ここ数年で欧州を何度か訪れた。欧州行きはKLM航空を使うことにしているので、シェンゲン諸国の出入国手続きはアムステルダムのスキポール空港で行うのだが、筆者を含めて日本人はほとんど何も聞かれず、表紙だけ見て、特に何も聞かずにハンコを押すだけだ。1996年にデンマークに入国したときなど、パスポートの表紙を見せただけで出入国審査を通過できたこともある。ＥＵ待遇だ。

ところが数年前、スキポール空港で前に並んでいた中国人は旅行中どこを回って何をしていたかを3分くらい聞かれたうえ、ついに別室に呼ばれていた。ちゃんとシェンゲン・ビザを持っているのにもかかわらず、別室に呼びつけられたアフリカ人を見たこともある。

中東においては、下手な欧米人よりも日本人のほうが有利なことが多い。まだシリアの内戦前の２００６年、レバノンからシリアに陸路で入国したことがあるが、日本のパスポートを見ると「オー、ヤバーニー（日本人）！　ウェルカム！」と特に何も尋問されずに簡単に入国ビザとスタンプを押してくれた。ところが、同じときに国境を通過しようとした米国人は何かと尋問されていた。これが韓国人だとシリアと韓国は国交がないので（シリアのアサド政権は北朝鮮の盟友）、管理官によっては入れるときと入れないときがあるらしい。

そうした意味で、日本人であることは海外を旅行したり、海外に住んだりするときに、きわめて有利である。

筆者も台湾に住み、さらに世界中を旅した経験から、日本人であることのありがたみを強く実感させられたものである。

モラルが高い日本人

被災地に見られたモラルの高さも、世界的には特筆に値する出来事だ。実際、3・11は世界のトップニュースとなったが、同時に世界中で注目され、賞賛されたのは、被災者たちのモラルの高さだった。

米国南部がハリケーン・カトリーナで大水害にあった際にも、2008年中国四川省大地震でも、被災地では必ず略奪が起こった。被災地でなくても、欧米のデモなどでは、不良分子やテロリストが介入するため、決まって暴動状態になるようだ。反戦デモなのに暴動とは洒落にもならない。

日本の場合は、災害時でも単にモラルが高いだけではない。災害を経て人間が優しくなれるのも特徴だといえる。3・11の後、東京の人が優しくなったように感じる。以前なら電車内で障碍者や高齢者を見ても、全員が見て見ぬふりをしたものだ。実際200

３年、筆者は瘭疽《ひょうそ》で足の爪を剥いだため松葉杖をついて東京に行ったときがあったが、電車に乗っても全員にシカトされた。台湾であれば必ず席を譲ってくれる人がいるのに。ところが、３・11以降は東京の空気も微妙に変わってきた。電車に乗っていると、高齢者や障碍者に席を譲る人が確実に出てきた。

被災地のモラルの高さ、災害にあってさらに優しくなれる社会。なぜそうなのかというと、相互信頼関係が存在するからだろう。日本ではどんな弱者であっても、社会や国家が見捨てることをせずに、誰であっても救助や援助が来る。そしてそれを信じることができるからだ。

日頃、政治家は劣化したとか官僚や役人は駄目だといっていても、日本人はやはり人間を信頼している。

だからこそ食糧援助が来てもそれをわれ先に奪ったり、街で略奪や暴動を起こす必要がなく、ただじっと待つことができるし、実際、本当に援助がやってくる。

米国南部のハリケーン被害の際は、下層の移民が住む町は明らかに見捨てられた。米国は自己責任原則が徹底しているから、日頃税金を払わない、不法行為をしている人たちは災害では確実に見捨てられるし、見捨ててもよい。それが不服従の代償であり、米国の個人の自由、住民自治、競争の徹底と、その裏返しとしての格差社会なのだ。日本と対極のあり方で首尾一貫しているが、そうしたあり方は日本人には到底承服できないだろう。その意味では米国を手本にしようとするネオリベは日本では適合しない。

日本語は世界有数の言語

私たちが使っている日本語、これも日本人のほとんどが気づいていないが、世界有数の言語である。日本語が使われているのは、ほぼ日本一国に限定されている。だが日本一国だけでも1億2千万人という世界有数の人口がいるし、さらに第2章で見たように最近の日本アニメ・漫画人気の影響で、世界の20代以下の若者の間では、日本語の人気も高まっている。

それだけではない。実はあらゆる領域や分野について表現可能かつ蓄積もある言語という点では、日本語はアジアで唯一、世界でも英語、フランス語、ドイツ語、イタリア語、スペイン語やロシア語といった十指にも満たない有力言語の一つなのだ。

中国語を知らない人は、言語人口が多い中国語もあらゆることを表現できるはずだと思い込んでいるようだ。ところがそれは幻想に過ぎない。中国語は漢字でしか表現できないため、現代の最先端の科学技術やIT用語の翻訳は追いつかず、社会科学や自然科学分野の多くではほとんど用をなさない。

日本語の場合は、先端科学の用語や海外の人名・地名ををカタカナで表すための規則が確立している。ところが中国語の場合はそうではない。翻訳しようとすると、訳者によってばらばらになったり、たとえば中国語を使っている国がなまじ多く、体制も異なり相互の意思疎通がないため、中国大陸、香港、さらに台湾、シンガポール、マレーシアでそれぞれ異なった翻訳が出来上がることになる。これでは現代社会には対応できない。なので英語が公用語にもなっているシンガポール、マレーシア、香港ではどんどん英語の需要が高まっているし、台湾でも大学における先端自然科学の授業は最初から英書を読み、英語で講義・議論し、論文を書くことになっている。

韓国語（歴史的には朝鮮語と呼ぶべきだが）は戦後韓国が独立した際、日本語をそのまま移植して作り上げた経緯もあって、構造的にも日本語に似ているので、日本語ができることは韓国語でもできるという利点はある。だがそれでも翻訳の蓄積は日本語に比べれば少ない。他のアジア言語については、インドネシア語のように努力しているところもあるが、まだまだ蓄積が少なく、「あらゆる分野」というわけにはいかない。

アジアでは「あらゆる分野の表現が可能な言語」は、悲しいかな、日本語だけなのである。しかも欧州ですら、先に挙げた6言語しかない。ポルトガル語は詳しくは知らないのでもしかしたら可能かも知れない。だがそれ以外の欧州語は人口規模が少なく、出版市場や出版点数が少なすぎるので、全滅となる。北欧諸言語、オランダ語、中欧の文化言語のハンガリー語、スラブ系のチェコ語・ポーランド語・セルビア語などはがんばっているほうだが、「あらゆる分野」は出ていない。オランダやデンマークに行ったとき本屋を覗いたが、一番大きな書店でも日本の中都市の書店程度の規模で、しかもオランダ語なりデンマーク語なりの本は全体の3分の1ほどしか置いてなく、英語が半分を占め、さらにドイツ語やフランス語が置かれている、といった塩梅だった。

欧州以外では、人口規模では大言語で歴史的蓄積もあるはずのアラビア語、アフリカ土着言語としては歴史的蓄積があるアムハラ語なども、「あらゆる分野」というわけにはいかない。

日本は表現自由度世界一

言語に関連して日本が誇れることはもう一つある。それは表現に対する規制が世界で最も緩やかである点にある。言論・表現の自由については、近代化以来、欧米に劣ると考え、欧米を模範としてきた日本だが、21世紀の今となっては日本が最も進んだ地域になっているのだ。

日本では性的表現に関しては以前は厳しく規制されていた。しかし１９９０年代後半にヘアがなし崩し的に解禁されたことで、この方面でも北欧と並ぶ世界一の自由を手にした。

世界で最もリベラルとみられるカナダですら、日本よりも表現の規制は厳しい。たとえば、いわゆる児童がモデルになっている18禁ゲームなどを持ち込もうとしたアメリカ人がカナダで逮捕された例があった。

日本でも石原慎太郎や橋下徹らを代表とする「保守」的な人たちが、児童ポルノ規制強化政策を推進しようとして、二次創作作家らと摩擦を起こしている。石原や橋下の国防観や歴史観が海外からは極右的というレッテルを貼られがちであることに対しては、筆者は特に右寄りだとは思わないし、反論の余地がある。だが、児童ポルノをめぐる問題では、両者の思考は許しがたいと思う。まして石原は作家時代、きわめて退廃的で猟奇的な作品を得意としてきた。もし石原の作品を漫画に描いたら、それこそ東京都の条例に抵触しそうだし、わが国が世界に誇る「源氏物語」もそのまま漫画やゲームにしたら都条例に引っかかるのだろうか。

そもそも日本の表現の自由度の高さこそが、日本のアニメや漫画が今や主流の文化として世界に広まり、日本のソフトパワーが注目される原動力や土壌となっているのである。我々は石原らの表現規制に反対し、表現の寛容さを守っていかなければならない。

日本人はサービス面で自己主張が強い

欧米かぶれの連中はいまだに「日本人は自己主張がない」と言いたがる。これも筆者が欧米に行くたびに間違っていると思う。

欧州人はサービス業に関しては自己主張がまったくないに等しい。物事が速く進まないことには何も思わないのか、一切文句を言わない。ベルギーで宿のチェックインが15分もかかったり、料理がなかなか出てこなくても欧州人は催促しない。じっと待っている。これが日本人なら催促するか、しまいには怒り出しそうである。

つまり日本人はサービスと時間に関係することに関しては、きわめてうるさく自己主張が強いのである。欧米人とこだわりの方向性が違うのである。

また、日本人の美徳の一つと思われるものとして、顧客からのクレームに対して、自分自身が引き起こした問題ではなくても会社を代表して謝ったりすることも挙げられるだろう（ただし官僚組織はヘリクツをつけて責任転嫁しがちだが）。

これは欧米やアジアではほとんど見られない日本独特の美点だ。

たとえば飛行機の預け荷物だが、欧米では「ロストバゲージ」といって行方不明になってしまうことがわりに頻繁と起こる。筆者は何度か乗り換えするときは経由地のカウンターでいちいち荷物が載っているか確認することにしている。それでも万全ではないが（たまに別人のタグが貼られる場合もあるので）、黙っていたらなくなってしまうかもしれないからだ。

だが、日本のヤフーQ&Aなどを見ていると、日本人の多くはロストバゲージなどありえないと思っているのか、西欧でロストバゲージになった人が、航空会社の係官の「俺がなくしたんじゃないもんね」という態度に腹を立てている書き込みが目に付く。

台湾でも筆者はしばしばADSL回線が不良になるため、電話会社にクレームをつけたところ、やはり「俺がやったんじゃないもんね」といわんばかりの態度だった。

また、サービスと時間に関連する部分として、日本ではアポ時間に遅れたり、ドタキャンになったりすることにはきわめて厳しい。芸能人でドタキャンした人は報道されて極悪非道のごとくバッシングを受けるし、仕事でそれをやったら取引は中止だろう。

ところが、アジアや中東では時間に遅れるのは当たり前だし、ドタキャンも大したことではない。酷いときには友人との約束で、ドタキャン「された」ほうが「時間が空いた」などと言って喜ぶこともあるくらいだ。

もっとも日本で時間やドタキャンに厳しくなったのは、戦後高度成長期以降のことらしいのだが、いずれにせよ現代日本はサービスと時間に関連する部分については、要求水準や期待値も高く、自己主張も強いのである。

老舗が多い日本

もうひとつ、日本の特徴として、米国と中国には存在しない対極的な要素として、老舗の存在、そこに見られる歴史や伝統の継承が挙げられる。

作家・野村進の調査によると、日本には老舗が多く、２００年以上の歴史をもつ企業全体は３０００軒にのぼるのに対して、中国９軒、インド３軒、韓国０軒である。しかも日本はアジアの中では突出しているだけでなく、ドイツ８００軒よりも多いという。

中国も存在しているじゃないかという反論があるかもしれないが、４０００年の歴史を自称し、国土面積も人口規模も日本よりはるかに大きいにもかかわらずたったの一桁というのは、愕然たる数字である。

老舗の中でも経営状態が良く、かつ創業者一族経営が続いている企業のみ加盟を許される「エノキアン協会」（本部パリ）というのがあるが、日本からは5社（法師、虎屋、月桂冠、岡谷鋼機、赤福）のほか、イタリア14社、フランス12社、その他９社が加盟しているという。

　世界最古の企業もやはり日本にあり、法隆寺を建設したとされる金剛組が578年創業という（もっとも2006年に経営破綻、別の会社の子会社になっている）。老舗といえば、京都を擁する関西が意識に上ることが多いが、実は東京もなかなかのものを持っている。ただしそれは「東京」というよりは「江戸」というべきかもしれない。浅草や両国あたりのいわゆる下町である。

　そうした江戸の蓄積を集めた粋ともいえるのが、両国にある江戸東京博物館だと思う。質量、見応えともに、日本を代表する博物館といえる。江戸時代や明治初期の街を再現したジオラマで通行人一人ひとりの表情を描きこんでいるところ、江戸時代の文化人の居住分布図、様々な物価や庶民の収支の図表など、どれも手がこんでいる。これだけの芸の細かさは、博物館先進国の欧州でもほとんど見られないもので、日本人の繊細さを表している。ネオリベに毒されてから東京は歪《いびつ》な経済至上主義が目立つが、それでもこの博物館には、江戸時代の中心都市以来の東京が持っている底力を感じるものだ。やはり日本はすごい、と思ったものである。

革命がなかった日本の幸福

老舗の多さは、単なる〝歴史の古さ〟ゆえではない。凄惨な殺傷を伴う革命や動乱がなかった証拠でもある。

一部には戦後左翼思想の影響で、日本は革命が起こらなかったから悪いなどという人もいるようだが、それこそ革命というものの本質を知らない人の暴論だと思う。

革命というのは、実は社会構造を革命しない。むしろ社会の最底辺や最も弱い階層を直撃し、弱者が最も困った状態に置かれるのが常である。つまり戦争と同じ状態なのである。革命を賛美する人は戦争を賛美するに等しい。

しかも革命が起こっても、富裕層や旧来の支配層はそれほど困らない。資産を持って海外に逃亡すればいいだけだからだ。だが庶民は逃げられない。革命の過程で起こる社会不安の影響をもろに受けるのだ。マルクスは労働者に祖国はないと述べたが、それはうそだ。労働者や庶民は生まれた土地から逃れられず、祖国がないのは資本家や支配層のほうなのである。現にグローバル化時代に海外に移動しやすくなっているのは富裕層のほうだ。鳩山由紀夫なる政治家が時に「売国的」な言動をしがちなのも、日本が万一中国に侵略されたとしても逃げられるくらいの資産があるからなのかもしれない、との皮肉も言いたくなる。

そもそも革命が起こる社会というのは、革命以前の体制がそれだけ抑圧的で、支配層が搾取ばかりしている。そして革命後も支配構造そのものは変わらず、新たな支配層が抑圧的で搾取ばかりする体制となる。帝政ロシアとソ連を見ればわかる。

日本の地位非対称性

日本で革命が起こらなかったのは、支配層が専制的ではなかったからだ。歴代天皇にも時々権力欲が激しい人物が出てきて迷惑なことをしでかしたが（後白河天皇・上皇、後醍醐天皇などがその典型）、多くの天皇は権力志向がなく、まして特別裕福なわけでもなかった。

江戸時代の支配階級である武士も、ほとんどは経済的に困窮しており、むしろそれを良しとしていた。武士の中ではきわめて裕福な階層といえる大名といえども、世界の他の地域と比べればきわめて質素だったと言いうる。

日本では常にカネと身分・地域は比例しなかった。これを地位非対称性というらしいが、日本以外の世界ではこれは珍しいことである。欧州にしろ中国にしろ中東にしろ、普通は地位が高いとか、最高権力者は搾取することが仕事のようなものだ。民主主義国家の元祖のような英国でも、王室は世界一の資産家である。それに比べればわが皇室は、それほど金持ちな部類とはいえない。

日本で革命が起こらなかったのは、国民性が従順すぎるからではなく、そもそも支配層が搾取せず、節制しており、階層のバランスが取れていたからだ。バランスとは、支配層が権力から権威から富まですべてを独占してこなかったからである。富と権力、権力と権威は分離していた。日本では革命が起こらなかった、起こせなかったのではなく、最初から起こす必要がなかったのである。

そしてそれは庶民にとっては幸福なことなのだ。

逆に革命を望む一部インテリの発想は、革命が引き起こす庶民の不幸など思いもよらない、インテリのお気楽さと傲慢さによるものだろう。

そして、日本の良さは、価値が経済以外に存在することにある。

天皇家、江戸時代の武士、老舗の創業家など、いわゆる支配層とされる人たちが、富を独占したり、あるいは富をひけらかしたりしない。カネを求めたり、ひけらかしたりすることを「はしたない」と考える雰囲気や価値観が日本人にはある。

そういえば学生時代、はじめて接した外国人は韓国人だったが、韓国人の富裕層の場合、それをひけらかすところがあったことに、強い違和感を感じたことがある。それはべつに韓国人だけがおかしいのではなく、世界のほとんどはそういうものなのだ。逆に日本が特殊なだけであるが、そこが日本の良いところでもある。

首相の任期が短いという知恵

第3章でも指摘したが、日本で首相がころころ変わるのも、筆者に言わせれば良い制度である。

「ころころ変わるのはよくない」などと言っている人は、ではたとえば鳩山由紀夫がもっと長く首相を続けていればよかったとでも主張するのであろうか。同じ議院内閣制ながら首相が４年以上は続くドイツ、あるいは国民の選挙で選ばれた大統領の任期が４～５年は保障されている米国、フランス、韓国、台湾の基準を用いれば、鳩山は少なくとも２０１３年９月まで首相の座に座り続けたことになる。

また「ころころ変わるのはよくない」と言っている人は、「この人なら８年でも任せてよい」と自信を持って言える人物がいるのだろうか？　第二次の安倍晋三は比較的良さそうに見える。だが、一年後にはどういう評価になっているかはわからない。

また、逆に米国やフランスや台湾や韓国を見てみよう。外患罪くらいの重大な罪がない限り弾劾・罷免されることがない。だが、そうやって米国でブッシュが２期８年続いた結果、米国と世界には害悪が残った。よほどでないと辞めさせられないということは、駄目な指導者であっても、容易には辞めさせられないということでもあるのだ。フランスの前大統領サルコジ、台湾の馬英九もそういう矛盾にある。

日本では初代首相伊藤博文にしてからが２年半で辞めているし、戦争をしているにもかかわらず東条英機が途中で辞め（させられ）ている。有能だった吉田茂は５回にわたって首相となったが、毒舌と失言のため、ほぼ１年足らずで辞任に追い込まれている。

日本にとって損失だったかもしれないが、吉田茂が首相を辞めさせられたからといって日本は駄目になったわけではなかった。

首相が頻繁に交代するのは、いわば日本が近代化し民主主義を定着させるうえで作り上げてきた制度、知恵なのである。天皇という権威の後ろ盾があるから、権力は頻繁に交代しても安定が損なわれることはない。いや、なまじ任期が長いと腐敗の温床にもなってしまうし、天皇の権威を侵す可能性もある。そして天皇は権力を持たず財産も多くない。

ところが、なぜか保守派と呼ばれる人が、天皇の権威をないがしろにするかのように、「首相が頻繁に交代しすぎるから、公選制を導入しろ」などと主張したりする。不遜である。

また、「欧米から見ると、日本が何をしたいのか見えない」という議論もあるが、それは筆者に言わせれば、単なる欧米崇拝である。日本は権威と権力の分離、権力集中の排除、さらに合議制というバランスがとれたシステムなのであって、それが理解できないなら、理解させるように説得するべきである。

日本の民主主義は制度として確立され安定した健全なものなのである。もしそれを欧米が理解しようとしないのであれば、つまりは黄色人種差別の一種だといえる。まして君主制を持たない、歴史の浅い米国にとやかく言われるいわれなどない。

海外に住むと日本の良さがわかる

日本が駄目で欧米やアジアのほうが優れているなどと言っている中高年の人たちこそ、一度海外に住んでみてほしいと思う。日本にずっといるから、日本の良さが見えないのだ。

たとえていえば、富士山の山頂にいるようなものだ。富士山の山頂にいると、それ以上に高いものはないのだが、どこか不安になる。しかも富士山にいると富士山の綺麗な姿は見えない。そのうちどんどんネガティブになる。ところが富士山を遠く離れて見てみると、改めて美しさを感じることができる。

ここで、富士山頂にいるのが日本人、それを他の山などから見ているのがアジアの人たちだといえる。

「日本人はわかってナイナ　この国の何もない平和な日常がサプライズなんだヨ」

これは、「さよなら絶望先生」という社会風刺も効いていて、アニメにもなった漫画の登場人物の一人で、おそらくフィリピン人とみられる関内マリア太郎（マ太郎）の台詞の一つだ（コミック第18集、第１５３話）。

マ太郎は故郷の村（おそらくミンダナオ島）で、ゲリラに親を殺され、ゴミをあさって食べて育ち、密航船で日本にやってきて、関内なる日本人から戸籍を売ってもらって日本人になったという壮絶な背景を持った人物、という設定である。マ太郎ほどの体験は今のフィリピンでは珍しいかもしれないが、「活気ある」アジア諸国においては30年も遡れば、それほど例外的な話ではない。そしてマ太郎のこの台詞は、アジアを回った筆者に重く響く。日本にいて、日本の平和と繁栄と自由のありがたみが実感できない人は、アジアの底辺を体験してみるがいい。

第5章

克服すべき日本の欠点

台湾のイベントで「らき☆すた」柊かがみの着ぐるみ

左右に共通する「現状自虐」

もちろん日本にも欠点はある。それは単一性の高い社会に住み、世界を知らず、世界的に見ておかしな議論がまかり通っているところである。

筆者が日本で行われている議論で解せないのは、日本人が現状に対してあまりにも自虐的になっていることである。「自虐」という言葉を左翼の歴史認識批判について多用する、いわゆる保守派も、実は日本の現在に関してはきわめて自虐的であり、左翼を批判する資格などない。

そもそも、保守派の中には、台湾人の親日を認識し、台湾を好ましく見ている人が多い。ところが、保守派の多くは台湾人の親日が今の日本に対する評価であることがいまひとつ理解できていないためか、「台湾人の親日」を「今の日本が素晴しいのだ」という点と結び付けられないのである。そして、往々にして戦前を正当化したり、賛美したりするのだ。まるでピエロである。

現状自虐的な考え方は、特にマスコミと官僚などの「知識人」に蔓延しているように思う。２０００年代以降は情報化と変化のスピードが急激になっている。ところが「知識人」を自任している人ほど、１９８０年代の認識と視点に固執して、変化を見ようとしていない。筆者が大学に奉職してそのことを実感した。変化が激しい現代では、行動力がない知識人は、愚鈍になっているように見える。

東大法学部を出たキャリア官僚が、それだけでは頭が良いようには見えなくなっている。逆に学歴が高くない人であっても、アイデアさえあれば生きていける。今はそんな逆転とチャンスの時代になっているといえる。

円安待望論も現状自虐の産物

知識人のおかしな議論の典型が、円安待望論である。1ドル75円あたりの円高を「輸出産業にマイナス」だとして、「１１０円あたりの円安水準が望ましい」という議論である。海外暮らしが長かった筆者には、はっきりいって理解できない奇妙な理屈だ。

そもそも経済成長して、日本のように先進国になる目的は、通貨の価値を高めることにある。日本は経済成長を果たし、先進国になった結果、円が高くなったのである。今さら元に引き戻せというのは、後進国になれというに等しい。

ましてや「円高は輸出競争力をそぐ」という議論では、中国のような後進国を「競争相手」として想定している。中国ごときと「競争」して何になるのか？

また、円高は輸出産業に打撃を与えるという議論をしている人は、おそらく今の日本の経済・産業構造を理解できておらず、いまだに1970年代の経済知識しか持っていないのではないか。

今や日本のGDPの中で、純輸出が占める割合は1割以下である。急激な円高というなら、プラザ合意直後がそうだったのであって、それも日本は海外投資を活発化させ、資本収支中心に構造転換したことで克服してきた。

そもそも日本は資源がない国であることを忘れては困る。つまり、原材料やエネルギーや食料は輸入に頼っているのである。円安になると、原油とガスと電気、食料などが高騰して、企業収益と庶民の家計が圧迫されることになるのである。

また、現在でも日本国内で製造しているものは、日本でしか作れないような、高品質・高付加価値のものが多い。韓国や中国などと同じ土俵で勝負しなければならない、つまり円高になったらとたんに売れなくなるような粗悪品、低級品は作っていないのである。

だから「価格競争力」などという言葉はおかしい。日本が勝負しているのは、価格ではなく、品質なのである。

仮に中韓あたりと価格競争をしている商品を日本で製造していたとしよう。すると、ここ1年の間に1ドルが75円から１００円になったわけだが、倍の違いもない。これで中国や韓国より安くなったといえるのだろうか？　さらに、円安論者が望むように、今後円安がどんどん進んでいったとして、１ドルが１５０円などになったとしよう。それこそ途上国に逆戻りしたということで、日本の終わりである。

海外生活経験者から見て1ドル＝70円が適正

では、現在の円相場の適正水準はいくらか。海外で暮らし、多くの国を訪れた経験のある筆者から見て、現状では１ドル＝70円くらいが適正であると考える。

日本のサービスや物の品質は、きわめて高く、現状では１ドルを70円程度で換算しないと、割にあわないからである。

外国の物やサービスの質は概して日本よりも低い。

それは西欧ですらそうである。パリやロンドンなどは、地下鉄や鉄道も汚い車両や駅が多いし、エスカレーターやエレベーターもないところが多いので、重い荷物やあるいは車椅子などでは不便だ。衛生面でも欧米は日本の最低品質よりもはるかに劣る場所がほとんどだ。もちろん日本の3倍くらいの高い金を払えば、日本並みのサービスや衛生の質は確保される。しかし、それなら日本のほうが暮らしやすいということになる。

海外に出ていない人は、西欧や米国がいまだに日本より進んでいると勘違いしている。だから円高が困るなどと無責任なことをいうのだろう。

欧州ユーロ圏について、筆者の独断で言わせてもらうなら、ドイツだけは1ユーロが120円あたりでも適正かもしれない。ただしこれはドイツの物価水準が安いためだし、あくまでも物価についてである。

フランスやイタリア北部は1ユーロ=100円で十分で、イタリア中部については1ユーロ=80円くらいが適正だろう。ユーロ導入以前のリラの水準を考えれば現在のユーロは高すぎる。

英国ポンドについては、料理のまずさ（昔より良くなったが）や街の不潔さを考えれば、１００円が適正だろう。

米国については、１ドルは70円が適正だ。１ドル＝１００円が妥当だなどと言っている人は、単なる語呂合わせのつもりかも知れないが、本気でそう考えているとしたら、実際に米国に行って、様々な物価と品質を見比べてみてもらいたいと思う。

また、日本の経済ニュースではなぜか円ドルレートしか報じず、「急激な円高」というとき、円だけが不当に高くなったように思い込んでいるところがあるが、円高が進んだとき、実はスイス・フランもそれ以上に高くなっていたし、シンガポール・ドル、カナダ・ドル、豪州ドルなども米ドルに対して上がっていたのだ。これは台湾では伝えられていたので筆者は知っているが、日本で注目していた人はほとんどいない。「グローバル化」といいながら、スイス・フランやシンガポール・ドルのレートも知らない。日本はプラザ合意以前の中進国ではなくて、もはや先進国なのである。

誤っている円安誘導

これがアジア諸国との比較ともなると、1ドル＝50円くらいでないとつりあわないと思える。

筆者が長く住んでいた台湾は、庶民生活で使う生活雑貨類の質の悪さに閉口した。日本円に直せば、日本の3分の1くらいの値段なのだが、シャンプーのポンプにしても、ガムテープにしても、スティックのりにしても、耐久性などなきに等しい。日本の3分の1でも高いくらいだ。

また2013年5月、台湾を離れてから9か月ぶりに台湾を再訪した際、比較的安い宿を予約した。行ってみると「忘れていた。今日は空いていないよ」と言われた。案の定である。その宿は一泊1200元。このときの為替レートは3・4円だったので、日本円で4000円にもなる。

これだけいい加減で、しかも日本を基準にしたら綺麗とはいえない（広いが）宿で、4000円は明らかに「高い」と言えるだろう。東京ですらかつての山谷のドヤを改装した安宿は衛生面ではは るかに綺麗でも３５００円で泊まれる。台湾ドルが２円ならこれは２４００円。綺麗でなくていい加減でも広さを考えればこれが妥当だろう。

韓国ウォンは０・０８５円でなく、０・０５円あたりが妥当なところだ。シンガポール・ドルは50円、マレーシア・リンギは20円、タイ・バーツは１・８円あたりが適正だろう。

いずれにしても、２０１３年に進んだ円安はあまりにも不当である。

サービスと衛生の質を考えれば、日本の物価は世界で最も合理的であり、日本以外の諸外国は全般的に日本よりもはるかに劣悪なレベルにあるのである。円はもっと高くなってしかるべきだ、と筆者は考える。

筆者の意見に異論がある人は、一度でいいから日本を離れて、海外で庶民の暮らしをしてみるべきだ。日本にいるから、日本の良さがわからないのだ。

首相でなく経営者が短命すぎるのが問題

しかしこうした国際感覚の欠如は、今の多くの企業経営者に共通しているようにみえる。それは任期がきわめて短すぎることにあると考える。俗説では首相の任期が短いことがあげつらわれるが、日本は政治でできることなど限られているのだから、首相の任期など短いほうがよい。だが経営者の任期が短いのは、企業収益圧迫の原因になっているのであり、大いに問題なのである。

多くの制度化された会社では、役員になるのが50代後半で、そこから10数年しか役員をしないということは、景気の波をほとんど経験していないということを意味する。だから、今どきの日本の経営者は、不況になったら慌ててリストラしまくり、好況になると胡坐をかくのである。そしてレールにのってたまたま役員になっただけだから、たいした知恵があるわけではないので、「価格競争」などといってコストを下げ、価格を下げるしか能がない。ところが原材料やエネルギーは円安になると上昇するから、価格を下げた分、収益を圧迫する。

１９９０年代までの日本のメーカーは、質の高いものを追求してきた。ところが消費者が求める以上の物を作ってしまい、売れなくなり在庫の山を築いた。すると今度は、「安いものを作る」と１８０度の転換を図った。

これはおかしい。なぜ「消費者が求めている最高レベルを調べて、それにあわせてメーカーにとって収益が確保できる適正な、適度に高い値段で売る」という発想ができなかったのか？

「よすぎるものを作ったのは駄目だった。だったら、悪くても安いものを」というのは、0か1かというデジタル思考であり、極論を行ったりきたりしているだけだ。それは知恵ではなく、機械的に反射しているだけに過ぎない。経営に必要なのは機械的判断でなく、知恵と創造力のはずだ。

現代日本における真のエリート不在

もっともこうした洞察力やビジョンのなさは、経営者に限らず、日本の官僚やメディア人、学者などのいわゆる知識人全体に共通している。

問題は、現在の日本の教育システムにあると考えられる。今どきの受験といえば、テクニカルなものに矮小化されてしまっていて、いわば既存のルールに従い、知識の量を誇る勝負になっている。そこでは、欧州の真のエリートに見られるような、図太い胆力と幅広い教養というものが疎かになっているのである。

胆力といえば、財界人や官僚や学者には、中国に配慮して靖国神社参拝に反対したり、石原慎太郎がぶちあげた尖閣諸島購入計画を日中関係悪化の元凶だと考える人が多いが、それは野蛮な相手を見るとビビッてしまう現代日本型インテリの胆力の弱さに起因する問題である。

また教養のなさといえば、小学校から英語を必修にするが、英語の背景となっているラテン語・ギリシャ語・聖書・西洋中世史についてはまったく教えようとしない。

ところが、歴史の浅い米国はともかく、欧州の政治家・キャリア官僚（特に外交官）・企業経営者・学者の多くは、ラテン語なども物にしている教養深い知識人でもある。単に英語だけやらせればよいなどという浅薄な発想では、欧州のある程度の地位にある人になめられるだけである。

だが日本にはもともと真のエリートが不在だったわけではない。戦前は欧州のエリート教育を模して旧制高校から帝大、あるいは戦時中の特別科学学級などの試みがあったし、戦後一時期まではそうした気風は存在しており、政治家・官僚・経営者にも教養と風格があった。おそらく１９９０年代からであろう。企業も官庁も大学も、浅薄な思考が幅を利かせるようになった気がする。

日本人の海外留学が減ったのは日本が良いから

筆者は教職に就いたので、教育問題についてもうひとつ指摘しておこう。

最近耳にする議論として、日本人の海外、とくに欧米への留学者が激減したという議論だ。これらも誤った認識や発想だ。

日本人の海外留学が減ったのは、ほとんどの分野において日本が海外から学ぶものがなくなったためなのだ。つまり、必要ないからである。

逆に中国人や韓国人の米国留学が増えているのは、国内で満足に高等教育が受けられず、海外で箔をつけたり、中国人の場合は劣悪な中国社会から逃げたい一心だからである。

ところが、55歳以上の人と話していると、敗戦コンプレックスなのか、いまだに日本は欧米よりもはるかに劣っており、学ぶべきものがたくさんあると考えているようだ。

それこそ時代遅れの認識だ。日本はもはや先進国になっているのである。

小学校から英語教育など無意味

また今の日本では、グローバル化と称して「小学校から英語をやらせろ」などと言う声が強い。しかし日本ではあらゆる分野で博士課程でも日本語で表現でき、英語が特段必要ない社会だから（自然科学系だと専門論文は英語が主体だが）、結局小学校低学年から英語をやらせたところで使いこなせる人間はほとんどいない。大体英語の早期教育を決める文科省の役人や国会議員自身が英語ができないのだから、どだい不可能であろう。

グローバル化やネット社会では英語が言語の主流になっており、「アジアの成長」なるものが喧伝されるなか、アジア人の多くも英語を使えることから、英語にコンプレックスを抱く人が登場するのも、無理はなかろう。

だが、日本語は英語やフランス語などと並ぶ、世界有数の「あらゆる分野を表現できる言語」なのだし、アジアの多くの国のように英米の植民地になったことがないから、英語など必要ないのである。しかも日本で日本語だけであらゆる分野を表現するためには、明治時代に血のにじむような努力があったことを忘れてはならない。明治時代にはお雇い外国人がいて、帝大クラスは英語で授業していたこともあったが、それではいけないといって日本語で作り上げたのだ。

英語の早期教育を叫ぶ人たちは、そうした先人の努力と世界の言語事情や言語史を知らない、それこそ国際的視野と教養に欠けている人である。

初等から中等教育で必要なのは、外国語でなく、母語・国語の力である。言語は思考の基盤であり、母語の力を高めることが重要だ。グローバル化というなら、なおのこと、小中学校でもっと母語である日本語の教育をみっちりやってもらいたいと思う。そもそも今どきは音読をしないのもおかしい。言語は音とリズムが基本なのだから、音読させるべきだし、作文をちゃんと教えるべきだ。

「真の」保守とリベラルがいない日本

現在の日本政治についても、本来の意味での保守とリベラルがともに不在である点も問題である。

自民党は「保守」を自任しているが、本来の意味での「保守」ではない。保守主義とは、伝統的な蓄積にもとづく知恵を重視し、伝統的な価値観に立脚した穏健な改革を志向するのが、本来的な意味である。ところが、現在の自民党は、原発推進派が多いことにみられるように、科学万能思想に立っているうえ、多くの議員が靖国神社には参拝するくせに、日ごろは選挙区の神社におまいりすることは少なく、神仏を大切にしているようにも見えない。つまり、実態としては保守とは対極的で、マルクス主義と同じ唯物論者に過ぎない。また「保守」を自任する論客ほど、なぜか「ぶっ壊す」などの革命的な言動を発しがちである（橋○徹ら）。そうかと思うと「穏健保守」などといいながら、唯物論の中国に取り入ることばかり考えている輩（○野△平など）もいる。

一方、いわゆるリベラル派陣営もお寒い限りだ。筆者は台湾でリベラル陣営に関係して、人権・環境運動の現場に関わった経験があるので、日本のいわゆるリベラル陣営が冷戦時代のマルクス・レーニン主義から一歩も出ていない点に困惑を覚える。

日本のリベラル陣営の特色として、人権ファシズム、平和念仏主義があげられる。体罰問題で教師をつるしあげ、女の一方的申し立てによる痴漢冤罪事件が後を絶たない。

これは本来の人権ではなく、中世の魔女狩りや軍国主義と同じであり、近代がはぐくんできた人類の叡智と教訓を否定するものである。

かといってリベラル派は、いまさら「社会主義の理想」を持っているわけでもない。そのかわり、外交問題では日本をとにかく責め立てれば進歩的だと思い込む、妙な思考に流れている。反日であれば、他国の右翼との連携も厭わない。「世界」、「週刊金曜日」などには、もはやリベラルの理想はなく、中国はじめ反日権力支配層の宣伝媒体になりさがっている。

漢字崇拝からの脱却を

筆者は奇妙でならないのだが、日本では保守派を自任する人ほど、漢字や儒教を擁護する姿勢が強いことだ。

また、日本人は南北朝鮮で漢字がほとんど使われていないのを見ると、往々にして「漢字を使わないと、同音異義語が出てきて困るし、先祖が書いた昔の文献を読めなくなる。頭が悪い」などと指摘する。ところが、南北朝鮮よりも徹底して漢字を廃止してローマ字に移行したベトナムについて、そういった批判をする人はあまり見かけない。ベトナムが中華文化圏であり、漢文が基本だったことを知らないからだろうか？　またそもそも、朝鮮語は音素数が日本語よりもはるかに多いので同音異義語はあまり出現しないし、漢字を使わなくなってから、「読むように書く」文体を編み出していったので、ハングルだけでも判読に困るようなことはない。

そもそも「保守」というなら、漢字ではなく、ひらかな・やまとことばを重視し、「かんながらのみち」を志向しなければおかしい。そもそも漢字は「漢」字と書くように、古代シナから伝来したものであり、古代シナの一部知識人階級のための、習得に時間のかかる特権的な文字体系であり、近代化とは相反する基本思想を持っている。そもそもなぜシナの前近代的な文字を日本人がありがたがらなければいけないのか。

もちろん日本語は明治時代以来の営みで、漢字かな交じりで、漢字が必須の文体を確立させた。世界的にも漢字は「Chinese Character」というよりは「Kanji」として知られており、むしろ日本が自家薬籠中のものにしているところがある。とはいえ、やはり習得に時間がかかりすぎる。小学校6年間も通って、新聞を満足に読めないのである。

そして実際ＩＴ化が進み、最新の事物はカタカナやローマ字のままで取り入れたり、若者の文章では漢字の比率がますます低下している。このまま進めば、漢字に依存することはなくなっていくのではないか。

同じように、儒教も近代化を阻害し、階級格差を広げるためのイデオロギーである。本来の民族主義や独自性という観点からすれば、漢字や儒教に対しては批判的な意識を持つ必要がある。

軍事オンチの右派

また再度保守系の問題に戻るが、今の日本の保守や右派の中には、戦後サヨクの平和念仏主義への反動なのか、観念的な軍事主義に流れているところがある。核武装論などはその典型だ。

筆者の前著についても、右派系の人がブログで「軍事について触れていない」などと噛み付いているのを見たことがある。そもそも筆者は冷戦体制の残滓が残る台湾という軍事最前線国家に住んでいたのだから、平和ボケの日本人に軍事について説教される謂《いわ》れなどない。そもそも現代の安全保障は、軍事や軍備だけでは不十分なのであって、軍事や軍備の強化や核武装こそが中国や北朝鮮を牽制できる唯一の方策だと信じて疑わない人たちこそ、かつての社会党を裏返しただけの単細胞だと考える。

もちろん核武装論はタブーにすべきではない。だが通常兵器の開発すら米国に押さえつけられている現状から、どうやって核武装が可能なのか、核武装論者は筋道を示していない。それでは憲法9条さえ堅持すれば世界平和になると「あさっての方向」を向いていたかつての社会党と変わらない。

反核の民意、日本の核武装を許容しない国際政治力学、通常兵器開発、米国の妨害、地下実験場、軍事諜報組織の確立など、現実にはいくつも乗り越えないといけない関門がある。

筆者が不思議でならないのが、ネトウヨしかり、右派系マスコミしかり、核武装論を展開し、韓国を敵視したりしているくせに、韓国も日本と同様に米国の同盟国であり、しかも米国は竹島問題で日本を弁護していないこと、核武装するなら日米安保を破棄せざるを得ないことなど、厳しい認識と強い覚悟すら持っていない点である。

また筆者が「日本にとって中国は脅威ではない」「しかしアジアの国々にとっては中国は脅威」だと指摘したことを「矛盾」だと噛み付く人がいる。これは矛盾でもなんでもない。主語が日本なのか、フィリピンなどのアジアの弱小国なのかで、立場は違って当然である。日本は中国よりも国力が大きいので、中国は脅威とはいえないが、アジア諸国にとっては中国は脅威である。そんなことは矛盾でもなんでもない。国際関係とは相対的なものなのだから、こんなことを矛盾だと言っているようでは、そんな人に国際感覚がないだけである。

そもそも核武装といいながら、その阻害要因である米国を敵国だと思えないところが、何をかいわんやだが、逆に言えば日本は右派も左派も平和でお気楽な国だとも言えるのかもしれない。

大人になっていない日本の大人

今の日本社会で、視野が狭く的外れな意見が幅を利かせているのは、一言で言って、今の日本の大人が大人になっていないからである。

日本はすでに先進国であることがわかっていないから、成熟した社会はどうあるべきかという議論ができず、相変わらず「元気」だの「活力」だの「成長」だのという話が出てくる。

「元気で活力ある社会」なるものを思い描くが、現実はそうならない。そうすると「日本はもはや駄目だ。落ちぶれた」というネガティブ思考に陥る。それは中高年の人の思い込みこそが問題である。年をとると、時流をつかむ能力が低下していく。それを自覚することが、今の中高年には必要だろう。

第6章

失われた価値を求めて——日本それ自体が価値

のと鉄道／「花咲くいろは」ラッピング車両

自画像が両極端にぶれてきた日本人

この章の題名は、フランスの作家プルーストの『失われた時を求めて』からインスピレーションを得たものである。プルーストはまた日本の源氏物語などから着想を得たという。その点では、われわれ日本人が意識すべき人物である。

ここで失われた価値というのは、主流の言論や学者が言うような経済主義にもとづく「失われた10年」だの「20年」だのという意味ではない。

筆者から見て、バブルこそが異常だったのであって、したがって夢から醒めたバブル崩壊後現在にいたるまでの成熟日本は、経済的に何も失っていないし、そもそも今の日本を不況などと呼ぶのは、それこそ日本という高みにいるから世界がわかっていないだけだろうと思う。

だから失っているのは、日本の経済力や国際的地位なのではなくて、日本が素晴らしいという自覚をもてない、適切な自画像を描けない、大人になれない大人たちの「価値観」のあり方についてである。

思えば、日本人は社会関係では、和や中庸やバランスを重んじるわりには、日本人の自画像については、バランスを欠いてきたといえる。第二次大戦前と戦中、さらに1980年代には「傲岸」（あるいは自己膨張）であり、戦後、特に90年以降は180度逆の「自虐」一辺倒であった。

台湾という日本の鏡

台湾がせっかく親日傾向と度合いを強めているのに、それを「外から見て日本が素晴らしい」ということに絡めて考えられない。台湾はいわば日本の現在像を正しく映してくれる鏡なのであり、台湾人などというのは現金な人たちである。

もし日本人の多くが考えているように、日本が本当に駄目で落ちぶれているなら、台湾人は日本になど見向きもしないことは間違いない。

ところが台湾人は2000年代になって年を追うごとに親日の度を増している。特に新しいことに目ざとい若者のほうが親日度が強い。それは、今の日本がそれだけ魅力的で素晴らしいからなのである。

序論でも指摘したが、今の日本は世界の中で輝いている。日本それ自体が魅力であり、日本は世界で最も好かれる国であり、民族なのである。そしてそれこそが日本の価値なのだ。

米国崇拝からの脱却を

日本を客観的に見て素晴らしいと感じられるためには、日本人の間に根強い米国崇拝から脱却する必要があるだろう。

米国自身も9・11とイラク戦争にみられるように、劣化と弱体化が著しい。

もちろん、だからといって依然として米国は世界最強の国家であり、経済やソフトの分野でも強い部分を持っているし、学ぶべきものがなくなったわけではない。だから一部の反米論者の米国軽視の主張も一面的だといわざるをえない。

だが、より大きな問題は反米論と表裏一体ともいえる、55歳以上に多い「米国盲目崇拝や対米追随」思考である。

米国の連邦や州議会などで慰安婦問題の決議が成立すると、よく「在米中国人や韓国人の工作」などと指摘する人がいるが、そういう人は東京裁判を忘れているし、米国にはもともと根強い反日思想や黄禍論にもとづくアジア人蔑視意識があったことを知らないようだ。在米中国人などの工作によるまでもなく、米国内にもともと日本に対する強い差別意識が内在していたことを忘れてはならない。

また、現在の竹島問題や尖閣問題を見ても、米国は「アジア最大の同盟国」である日本を全面的に支持してくれはしない。それも在米中国人の工作だと主張するのだろうか。米国には米国なりの魂胆や国益・戦略判断があって、時には同盟国を犠牲にすることすら厭わない。台湾はそうやって材料にされてきた。それ以前に、米国にはアジアに関するまともな戦略的判断があるとも思えない。

だからアジアにおける国際関係の現状を単純化していえば、日中対立が軸となっており、足腰が定まらない米国が、日中の間でふらついている、といってよい。

そうした米国の姿は、台湾人の若者に見透かされている。だから台湾において米国の好感度は中国に対するものと変わらず、低い水準にとどまっており、日本がダントツで信頼され好まれているのである。その傾向は、イスラーム教徒（ムスリム）が主体のマレーシアやインドネシアともなるとさらに顕著である。イスラーム諸国は9・11以降、イスラームへの敵愾心をむき出しにしている米国には警戒感を持っている。そして、そうした国々ほど、日本に対して同盟関係を活用して米国を牽制し、善導する役割を期待しているのである。

戦後日本の努力を評価

アジア諸国民の多くにとって、日本とはどういう国なのか。それは「戦前は確かに侵略国家だったが、今の日本は違う。頼りになる国だ」という評価が一般的である。というのも、日本は戦後70年近くにわたって平和国家として一度も自らが戦争を発動したことはないからである。こんな国はほかにはない。

同じ第二次大戦の敗戦国ドイツですら、NATOの一員としてではあったが、ドイツの意思で他国を攻撃したこともある。日本はそれすらない。日本がいまさら侵略戦争を発動するわけがない。その意思も能力もない。そこを多くのアジア諸国はわかっている。

フィリピンの外相が2012年から13年にかけて数度にわたって日本の軍事力強化を

求めたのも、戦後70年の日本の努力と実績のたまものである。もう二度と侵略しないだろうという安心感と信頼感があればこそである。

ところが問題は、憲法9条を守れといっている左翼ほど、実際に9条を守った結果としての戦後70年間平和の実績と、それがいかに世界では稀有な事例なのかを、なぜか見ようとせず、評価もしていないことである。そして日本の左翼平和主義者は中国や南北朝鮮などともに、いまだに戦後70年は存在しなかったのように、70年以上も前の過去ばかり言い立てる。

そういえば中国と南北朝鮮のことをネット用語では「特定アジア」などと呼ぶ。いまだに過去ばかり言い立てる国というのは、広いアジアの中では、たかだか3か国に過ぎない、少数の例外だという意味での「特定」なのである。

特定アジアと普通のアジア

だからといって特定以外の「普通のアジア」が、過去の日本の侵略戦争を正当化したり、忘れたりしてくれると思ったら、それも間違いである。その点は一部のネトウヨは単に左翼や特定アジアの裏返しをしたいだけであって、アジアの実態が見えていないといえる。

「普通のアジア」が決して戦前の日本の行いを忘れたわけではないことは、前に引用した外務省の日本のイメージに関する調査でも明らかだ。

「第二次大戦中の日本について現在どう感じているか」の問いに対して「悪い面があったが、今となっては気にしない」がそれぞれ59〜78%と最も多かった。しかしやはり「悪い面があった」としているわけだ。

その一方で「まったく問題にしたことがない」はいずれも5〜14%と低く、逆に「悪い面で忘れることができない」（それぞれ12〜27%）のほうが数値は高くなっている。

「普通のアジア」もやはり戦争被害を受けているのは間違いないところなので、それを忘れるわけがない。だが日本は戦後大いに反省して、二度と侵略戦争を起こさないことを態度と行動で示している。普通のアジアはその点を評価し、「過去にこだわるのではなくて、現在を評価するし、未来志向で行こう」というスタンスなのである。

要するに、左翼や特定アジアのように過去にばかりこだわって現在を見ず、さらに未来までも否定する生き方も、右翼のように過去を正当化する生き方も、いずれも一面的で誤っているということである。

またネトウヨは「特定アジア」の中に、民主主義国家の韓国全体を十把一絡げに含めたがる傾向がある。だが、この本で紹介してきたように、韓国といっても、中間層の若い世代は「昔の日本と今の日本は違う」と認識しているし、平気で日本好きを口にする人もいる。中国においても沿海都市部の中間層の中には「昔のことなどどうでもいいよ」という人が出てきている。もっとも民度が低く、国土も広い中国の中では、そんな人は一握りに過ぎず、過度の期待は禁物だが、韓国については今の若者が中堅となる20年後は期待できるところである。そういう意味では「特定アジアはすべて反日」という言い方もまた正しくない。

韓国は反日といえるのか？

日本で強くイメージされている反日感情の問題や、韓国に対して格別の憎悪を向けがちなネトウヨについては、やはり誤りだと言わねばなるまい。

そもそも韓国社会全体が本当に反日的だと言えるか、筆者はかなりの留保をつけたい。筆者の体験と記憶では、少なくとも日本統治時代の世代がたくさん生き残っていた1980年代についていえば、日本統治世代については反日だとは言えなかった。当時、友人宅を泊まり歩いたものだが、友人の祖父祖母は日本語世代だったが、筆者は韓国語ができるにもかかわらず日本語で接してくれて、しかも「京城はどうか。日本統治時代は懐かしい」などと言う人が多くて面食らったものだ。

特に当時はまだ独裁政権だったので、政権に反感を持つ人が多い全羅南道あたりだと日本統治時代生まれの人たちが「日本時代の修身教育はよかったし、建築物も頑丈に丁寧につくられている。それにひきかえ戦後軍部のつくったものはすぐに壊れるし、国民に道徳を押し付けるわりに自分たちは悪いことをしている」などと、台湾人みたいなことを言う人が多かった。

また、当時は韓国の政治家もほとんどが日本語が流暢で、日本人とは日本語で意思疎通や交渉をしていた。

一方で、建前としての「反日」は今よりもよほど強かった。たとえば筆者が親しくしていたある大学教授は、東大の研究員で1年半滞在して日本語の専門書を大量に買い込んだが、その研究室を訪ねると「これが東京で買ってきた本だ。日本には良い本が多い」と嬉しそうに日本語が並ぶ本棚を見せてくれた。ところが、その同じ人が、大学入試委員長か何かに就任した際、日本語を入試科目にすることに抵抗し、マスコミのインタビューに答えていわく「日本語は学問的な言語ではない」。韓国人の反日があくまでも建前のイデオロギーであり、本音と建前の大きな乖離を感じた瞬間だった。

それに比べたら、現在では日本統治時代の良い面を知る人もいない代わりに、建前としての反日もずいぶん弱まっている。しかも、30代以下の若い世代についていえば、むしろ日本好きの人も目立つ。筆者が韓国に行くたびに会う30代の小企業主は、わざわざ信長・秀吉・家康の戦国三武将について話題にし（これを知っている時点でもすごいが）「実は秀吉が一番好きだ。我が国を侵略したと言われるが、下から這い上がった生きざまは素晴らしい」などと言っていたのには、こちらが仰天した。また、前述したように20代の女性は「日本のドラマやアニメが好き。日本のアイドルはバラエティや汚れ役もこなすが、韓国のアイドルはきれいごとばかりで、つまらない」と言っていた。若者にはそういう人は多いようだ。

もちろん、韓国社会では建前論としては、いまでも反日思想が健在だ。特に今の60歳前後についていえば、戦後初期の反日ばりばりの教育を受けた世代であることもあって、反日が前面に出がちである。

日本の多大な影響

中国の存在感が強まったとはいえ、韓国は一皮むけば今でも日本の影響は圧倒的である。そもそも政府の対中傾斜、民間の中国語学習熱と呼ばれているわりには、韓国人で中国語の発音、達者さともに上級者という人にお目にかかったことがない。それどころか、前述したように、韓国では学問、メディア、日常の語法などあらゆる面で、日本語の影響力が浸透している。

また、ワイシャツ、アパート、ミシン、ハンドル、パンティストッキング、リモコン、ホッチキス、ジープ、クラクション、アルバイト、ミイラなどといった和製英語・西洋語の類を、発音を多少英語式に変えるなどしてそのまま使っている。ハンドルやストッキングをいくらヘンドルやスタッキンなどといってみても英語でなく和製英語なのだ。テレビの討論番組も、公営放送が基本の韓国では、台湾のようにショー化したものは少なく、NHKを模範とした形式のものが多い。新聞は現在でこそ横書きになったが、1990年代前半以前、縦書きだった時代には、レイアウトは日本の新聞そっくりだった。今でもニュース選定や紙面割付は、それぞれ日本の提携紙を参考にしているようだ。

1990年代にはこの傾向が強かった。だから、ペルーでフジモリが大統領に当選した際には「日系人初」として一面肩に、1995年に円高になった際「1ドル80円を割り込む」がトップニュースになったりしたのだ。

またソウルの地下鉄で2012年に美容整形チェーンの広告を見かけたが、海外展開もしているとして、なんと日本は「銀座」が筆頭に挙がっていたのである。東京とすら書かずに銀座。銀座で通じ、銀座がブランドだと思っているところが、日本統治時代を継承している。また、大学のランキングもソウルにある大学が上位になるところが、日本統治時代のあり方の一部分を踏襲しているし、先に挙げたように「東京大学」も強いブランドになっていて、早稲田も人気が高い。

その意味では、実は台湾よりも実態としては日本色は強い。台湾人の友人もその昔、「韓国って反日と言っているわりには、テレビCMなどマスコミのスタイルが、日本そっくり。台湾のほうが日本と違う独自性がある」と語っていたものだ。

こうやってみると、本当に韓国が反日なのか、疑わしい。

韓国と中国の違い

ネトウヨに限らず日本の保守系全般にいえることだが、ともに反日だからという理由で、韓国を中国と同列に並べたがる人が多い。もちろんこれは韓国政府の対中傾斜にも責任があるのだが、しかし筆者に言わせればいくら何でも言いすぎである。

というのも、中国は共産党一党独裁政権で、言論・思想を統制する社会であり、市民意識も低いのだが、韓国は曲がりなりにも民主主義国家であり、政府とは独立した市民社会や団体や個人が存在する。曲がりなりにと書いたが、それはあくまでも西欧先進国あたりと比べた場合であって、アジアの中では韓国の民主主義の定着・発展度は台湾とともに優等生だと言ってよい。

しかも１９８０年代に台湾および韓国の民主化運動の現場を直接観察した経験から言うならば、韓国は民主化のために血と汗を流してきたのである。もちろん米国からの民主化圧力という側面も無視できないのだが、やはり韓国人自身が民主化を願い、そのために立ち上がってきた歴史がある。つまり韓国の現在には、そうして自前でより良い社会と国をつくろうとしてきた人々の営みが刻み込まれている。

盧武鉉《ノムヒョン》政権は日本では左翼反日だというイメージがもっぱらだが、戦後極右体制だった韓国の基準では「左」であっても、世界的にみれば中道かむしろ保守的なほどだった。たとえば２０００年代に増加した中南米や中東などの反米左翼政権と関係強化を図ったかというとまったくそういうことはなかった。また日本の保守系からは好意をもってみられている台湾、特に親日的な民進党政権とも、反独裁民主化勢力出身で、リベラル志向というよしみから、盧武鉉政権の与党「開かれたウリ」党と台湾の民進党は友好的な関係を結んでいた。

韓国の現在の「左翼」は、民族主義ということから、台頭する中国や強大国米国への批判も強い。その意味では反日感情は相対的に薄い傾向がある。特に３・11以降は日本の原発問題を受けて、日本が脱原発に進むことを期待して日本への親近感も強まっている。

竹島（韓国では独島《ドクト》）の問題についても、韓国の若い世代は「どうでもいい」という考え方が強いし、自治体レベルの交流に関しては領土紛争で一気に往来が向こう側から取り消された中国とは断絶状態になったが、韓国との交流は続いているところが多い。

確かに政府レベルでは、歴史認識や領土をめぐる紛争や対中傾斜政策というおかしな傾向がみられるし、そうした側面も現代韓国を考えるうえでは無視できない要素ではある。だが、韓国において政治は社会の一部に過ぎない。今の韓国は、高齢化問題や福祉制度の見直しなど、アジアの中では台湾や日本と共通する成熟社会の課題に直面している。韓国とは、政府や政治の次元を超えたレベルで、冷静に向き合い、対話することは可能であり、必要だと筆者は考える。

中国国営通信・新華社は2013年9月、尖閣諸島の日本国有化1周年を前にした論評で第二次安倍内閣を「戦後日本で最も右翼的政府」と指摘した。韓国メディアも同様の主張をすることはあるが、世界で最も独裁的な中国が政府レベルでこうした指摘をするのは笑止である。しかも第二次安倍内閣の政策は「右翼」どころか、どちらかといえばリベラルなものが多い。「右」とみせかけてそうでもない、これはアベポリティックスやアベディプロマシーといえるかもしれない。

外交的にはこれまでになく戦略的であるため、中国にとって目の上のタンコブになっているのであろう。

しかし、安倍内閣の精力的な外交によって、東南アジアをはじめ世界の多くの国では、リベラル勢力の間でも、安倍内閣に対する期待と評価が高まっている。筆者のマレーシアの友人もリベラル派だが安倍内閣を評価していた。

そうした中でいまだに「安倍＝右翼」攻撃をしているのは、国家レベルでは中国だけである。そもそも軍国主義というなら、中国こそがそうであり、中国こそが世界の潮流に反し、孤立した発想を持っている「極右ＫＹ国家」といえるのである。

日本の対米戦争を肯定してくれる中東や中南米

日本の戦争で直接侵略を受けなかった遠い国については、むしろ日本が第二次大戦で米国と戦ったことが評価される傾向がある。

特に中東・アラブや中南米における反米主義者にはこの傾向が強い。

筆者はレバノンでヒズブッラー関係者に何回か会ったことがあるが、日本人だということで「米国と戦ったことがある偉大な国民」だとして、敬意を表してくれた。

また伝え聞くところによれば、反米のキューバは、昭和天皇崩御に際して3日間半旗を降ろして（半旗を掲げるというマスコミ用語は誤り）喪に服したことがあるし、革命直後日本を訪問したチェ・ゲバラも、日本企業への投資を呼びかけたことがある。これも昭和天皇のときに米国と戦ったことが評価につながっているとみて間違いない。

米国と戦ったといえば、確かに無謀な戦争だったが、実は米国の軍事基地を正規軍が攻撃したのは日本しかないのである。ナチス・ドイツはユダヤ人殺戮などという弱い者いじめをする一方で、米軍基地をたたく能力も意思も持たなかった。9・11テロ事件にしても正規軍でなくゲリラであり、真相はどうなのか議論が続いている。ベトナム人は米軍を負かした唯一の例であるが、それでも米国にある米軍基地を攻撃できていない。真珠湾攻撃が米国側の誘導という謀略だったとしても、正規軍が米軍の正式の基地を攻撃したのは世界唯一の例なのである。

さらに黄色人種が白人を破った最初の戦いである日露戦争が当時のアジア・アフリカ諸国民を鼓舞した経験と記憶も含めれば、日本の経験は植民地支配を受けた諸国民にとっては、いまだに大きな価値を持っているのである。

もちろん先の大戦がアジアで多大な被害をもたらし、基本的には虚妄と狂気にもとづく誤った戦争であったことは論を俟たない。だが物事には様々な側面があり、別の側面についても日本人は留意しておく必要はあるだろう。

相手によって戦争の意義の使い分けを

地域によって異なる日本の過去の戦争に対する評価を踏まえて、われわれに必要なのは、相手によって過去の評価と今後の関係を戦略的に使い分けることだと考える。

つまり日本軍による直接の被害を受けた北東・東南アジアにおいては、「特定」だろうと「普通」だろうとを問わず、侵略で迷惑をかけたことを素直に認め、二度と侵略しない姿勢を示し続けるべきである。特定でない普通のアジアであっても、侵略を正当化する言動はもってのほかである。

しかし普通のアジアに対しては、過去はそれとして、未来志向を強調すればよい。そしていつまでたっても過去ばかり言い立てる特定アジアとは距離を置いて、その分の労力や資源を普通のアジアに振り向けるべきである。

だがインド以西のアジア・アフリカ・中南米に関しては、日本の過去が有色人種に希望を与えたことを強調するのである。


地域によって異なる日本の過去と現在への対応

特定アジア	反日一辺倒、いまだに昔にこだわり現在を見ない
東南アジア＋特定アジアの若い中間層	過去は忘れないが、今の日本は異なるし、現在と未来が重要、日本に期待
インド以西（特に反米主義者）	日本の過去も絶賛、今後の関与にも期待

親日反米より親米反日を大事にしてきた自民党

「特定アジア」を攻撃しながら、ネトウヨや保守派の多くは同時に親米派でもあるため か、アジア以外の反米主義者がせっかく日本の戦争を賛美してくれることに対しては、距離を置きたがる傾向がある。左翼の自虐史観を問題にし、日本の戦争を解放戦争だと正当化したいのであれば、米国など遠慮せずに、反米派の日本弁護を喜んで受け入れるべきはずだが、不思議でならない。

現実の世界では、反米であっても（であるからこそ）親日、その逆に親米であっても（であるからこそ）反日の国や政権というのは少なくない。

反米・親日の代表としては、イランやニカラグア、キューバ。親米・反日としては台湾の国民党・馬英九政権（台湾人は親日だが）、韓国の歴代政権（韓国民は世代によっては親日）、中国政府あたりがそうだ。

逆に反米かつ反日であるのは、北朝鮮くらいしかないだろうし、親米でかつ親日の国はタイくらいではないだろうか。

もっとも、この点では、これまで批判してきたが、官僚のほうがバランスが取れていた。イランやシリアの反米政権、レバノンやパレスチナやアフガニスタンやフィリピンの反米イスラーム勢力とも緊密なパイプと関係を保ってきたからだ。

冷戦時代ならいざ知らず、イスラーム勢力が台頭し、中国の経済的台頭が反日（だが反米ではない）思想を伴っている現在となっては、日米の国際戦略的な利益は一致しないことが多くなっている。

にもかかわらず１９８０年代と同じ認識で事を進めてきたのが、最近の自民党政権であり、それを盲目的に支持してきたのが産経新聞であり、ネトウヨである。この三者は結果的には反日主義者を甘やかし、日本の国益を損ねてきたのである。

対米追随派はおそらく反米や左翼は同時に反日でもあると思っているのかもしれない。しかしそれは歴史的事実に反する。

アニメの力を軽視しがちな中高年

ところで、アニメやアニメを通じた親日家について、「しょせんはその国の中で一握りに過ぎないから、大したことないでしょ」と斜に構えた見方をする人が中高年に多い。そのくせ、米国もしくは中国については、「影響力が強い」などと過大評価しがちなので、その人の判断基準の一貫性の欠如にはおどろかされる。

それはともかく、「しょせん一握り」であれば、本当に意味がないといえるのか？　数の多寡だけが問題なのか？

それぞれの国には、それぞれ土着の固有の文化や習慣や価値観があり、外国のことはしょせんは生活の中でごく一部でしかないのは、それがたとえフィリピンにおける元宗主国の米国であっても、華人における中国であっても、同じことである。

だがそれをいうなら、ビジネスや貿易自体もしょせんは一握りのビジネスマンがやっているだけなので、無意味だということになってしまう。外交にいたっては外務省がやっていることなので一般人には関係ないといってしまえばそれまでだ。だが、そうはならないだろう。

日本にとってみれば、海外それぞれの国に親日家がいて、それが増えているのであれば、それは好ましいことなのである。必要なのは、それを土台にして日本に有利なように事を運んだりする戦略的な思考である。

前述したように、日本アニメの愛好者は、特にアジア諸国においては、教育レベルや経済レベルでは、それぞれの国の上位層に属する人が多い点に特徴がある。そうした若者は20年あるいは30年後にはそれぞれの国で指導的立場につく可能性が高い。「末は博士か大臣か」である。だとすれば、単なる人数の多寡で「たかが知れている」などと洒落を決め込む前に、実質的な影響力や将来性を見るべきであろう。

また「アニメで日本びいきになっても実際の外交戦略で日本に有利に働くとは限らない」という反論が出てくるかもしれない。

しょせん相手は異文化を背景にした外国人なのだから、その親日についても過度に期待すべきではない。台湾人の親日を見ればわかるように、ネトウヨや親台ウヨクが期待するような方向になっているわけではない。

しかしだからといって親日家の存在は、日本にとって有利な条件なのは間違いない。それを全面的に否定するのは知恵がなさすぎるというべきだろう。

関西コンセンサス

今後日本はどうすべきだろう。それは、米国に追随するのではなく、日本の伝統と強みに根差した価値観を体系化していくべきだということである。

しかも本書で見てきたように、日本は歴史や蓄積がある、単に古いだけの国ではない。アニメに見られるように進取の気性や遊び心もあり、奥が深い。だからこそ世界的に若い世代が日本のアニメや漫画にひきつけられるのである。

日本はまた中間層が主体で、社会全体やシステム・制度、それから文化作品のすべてが中間層を前提にし、中間層による中間層のための体系が組み立てられている。

それが平和、安定、安心につながり、今日の日本を輝かせているのである。

東京が２０２０年の五輪招致に成功したのも、まさにこの「安定、安心」が大きな要素であった。

また現代日本が生み出すものは日本性を強烈に表現しているものが多い。だがそれが戦前の日本や、現在の米国と大きく違うところは、決して押し付けがましくない点である。そして押し付けがましくないからこそ、世界の人びとから警戒されず嫌がられないし、異なる文化体系にいる人が主体的に選択的に受容することも可能なのだ。

経済発展のパターンとして、2000年代によく議論された話題として、市場主義のワシントンコンセンサスにつくのか、国家統制色が強い北京コンセンサスにつくのかという話があった。だがいずれも目先の利益や金銭至上主義という点では共通性があるし、また経済主体の見方でしかない。人間の営みは、金銭や経済だけに帰結するわけではない。

その点でも、現代日本は世界に対して米国とも中国とも異なる第三の選択肢を示している。

これを関西コンセンサスや京都コンセンサスと名づけてもいいだろう。東京は経済一辺倒であるが、関西は京都に代表されるように古代中世から続く伝統文化があり、かといって守旧的なだけではなく、京都のようにITやゲームで世界的な企業を輩出したり、大阪のように先物相場の発祥となった土地も抱えている。つまり伝統文化・歴史と、現代とのバランスのとれた融合が成り立っており、経済だけでなく精神文化のコンテンツも豊かな関西のあり方こそが、経済一辺倒の米中への対抗軸としてふさわしいといえる。

いずれにしても日本は、素晴らしいものを持っている。あとは日本人自身がそのことに気づけるかどうかである。

もっとも、自分のよさに気づいたからといって、戦前のように傲岸にも流れるべきではないことは言うまでもない。バランス感覚と柔軟性をもって、日本の価値を広めていければよい。日本の未来は明るいのである。

付／アニメおよび関連作品　台湾における名称

哆啦A夢 ▼ドラえもん
神奇寶貝（皮卡丘）
▼ポケットモンスター（ピカチュウ）
海賊王／航海王 ▼ワンピース
火影忍者 ▼NARUTO
剛彈 ▼機動戦士ガンダム
超時空要塞（馬克羅斯）▼超時空要塞マクロス
新世紀福音戰士 ▼新世紀エヴァンゲリオン
風之谷 ▼風の谷のナウシカ
天空之城 ▼天空の城ラピュタ
龍貓 ▼となりのトトロ
魔法公主 ▼もののけ姫
神隱少女 ▼千と千尋の神隠し

庫洛魔法使 ▼カードキャプターさくら
羅德斯島戰記 ▼ロードス島戦記
驚爆危機 ▼フルメタル・パニック!
笑園漫畫大王 ▼あずまんが大王
灼眼的夏娜 ▼灼眼のシャナ
魔法少女奈葉 ▼魔法少女リリカルなのは
奇幻旅程（奇幻兒童）
▼ファンタジックチルドレン
極樂天師 ▼あまえないでよっ!!
命運／停駐之夜 ▼Fate/stay night
蜂蜜幸運草 ▼ハチミツとクローバー
交響情人夢 ▼のだめカンタービレ
暮蟬悲鳴時 ▼ひぐらしのなく頃に

付／アニメおよび関連作品　台湾における名称

涼宮春日的憂鬱 ▼涼宮ハルヒの憂鬱
傳頌之物（受讚頌者）▼うたわれるもの
零之使魔 ▼ゼロの使い魔
跳躍吧！ 時空少女 ▼時をかける少女
夏日大作戰 ▼サマーウォーズ
狼的孩子雨和雪 ▼おおかみこどもの雨と雪
幸運星 ▼らき☆すた
旋風管家 ▼ハヤテのごとく！
南家三姊妹 ▼みなみけ
恋愛情結 ▼ラブ★コン
義呆利 ▼Axis powers ヘタリア
虎與龍 ▼とらドラ！
神薙 ▼かんなぎ
青空 ▼AIR
華音 ▼Kanon
小鎮家族 ▼CLANNAD
K－ON輕音部 ▼けいおん！
奇蹟少女 ▼こばと。
東之伊甸 ▼東のエデン
只想告訴你 ▼君に届け
偵探歌劇 少女福爾摩斯
▼探偵オペラ ミルキィホームズ
只有神知道的世界 ▼神のみぞ知るセカイ
魔法禁書目錄 ▼とある魔術の禁書目録
科學超電磁砲 ▼とある科学の超電磁砲
學生會長是女僕！ ▼会長はメイド様！
爆漫王。 ▼バクマン。
我的妹妹哪有這麼可愛
▼俺の妹がこんなに可愛いわけがない
侵略！ 花枝娘 ▼侵略！ イカ娘
真實之淚 ▼true tears（トゥルーティアーズ）
天使脈動 ▼Angel Beats!（エンジェルビーツ）

花開物語 ▼花咲くいろは
魔法少女小圓 ▼魔法少女まどか☆マギカ
向陽素描 ▼ひだまりスケッチ
花牌情緣 ▼ちはやふる
光之美少女 ▼ふたりはプリキュア
FAIRY TAIL 魔導少年
▼FAIRY TAIL（フェアリーテール）
反叛的魯路修 ▼コードギアス 反逆のルルーシュ
笨蛋，測驗，召喚獸 ▼バカとテストと召喚獣
襲來！ 美少女邪神 ▼這いよれ！ ニャル子さん
女僕咖啡廳 ▼それでも町は廻っている
人類衰退之後 ▼人類は衰退しました
轉吧！ 企鵝罐 ▼輪るピングドラム
召喚悪魔 ▼呼んでますよ、アザゼルさん。
未聞花名
▼あの日見た花の名前を僕たちはまだ知らない
命運石之門
▼STEINS;GATE（シュタインズ・ゲート）
輕鬆百合 ▼ゆるゆり
偶像大師
▼THE IDOLM@STER（アイドルマスター）
幸福光暈 ▼たまゆら
我的朋友很少 ▼僕は友達が少ない
罪悪王冠 ▼ギルティクラウン
無限斯特拉托斯
▼IS〈インフィニット・ストラトス〉
最後流亡——銀翼的飛夢
▼ラストエグザイル——銀翼のファム
猛烈宇宙海賊 ▼モーレツ宇宙海賊
羅馬浴場 ▼テルマエ・ロマエ
冰菓（冰果）▼氷菓
影子籃球員 ▼黒子のバスケ

坂道上的阿波羅 ▼坂道のアポロン
加速世界 ▼アクセルワールド
刀劍神域 ▼ソードアート・オンライン（SAO）
女子落 ▼じょしらく
就算是哥哥，有愛就沒問題了，對吧
▼お兄ちゃんだけど愛さえあれば関係ないよね
中二病也想談戀愛！ ▼中二病でも恋がしたい！
絕園的暴風雨 ▼絶園のテンペスト
翠星上的加爾岡緹亞 ▼翠星のガルガンティア
琴浦小姐 ▼琴浦さん
少女&坦克 ▼ガールズ&パンツァー
魔奇少年 ▼マギ
ＪｏＪｏ的奇妙冒險 ▼ジョジョの奇妙な冒険
人魚又上鉤 ▼波打際のむろみさん
薔薇少女 ▼ローゼンメイデン
秒速5公分 ▼秒速5センチメートル
言葉之庭 ▼言の葉の庭
風起 ▼風立ちぬ（宮崎駿）
聖☆哥傳 ▼聖《セイント》☆おにいさん
我不受歡迎，怎麼想都是你們的錯！
▼私がモテないのはどう考えてもお前らが悪い！
黃金拼圖（金色馬賽克） ▼きんいろモザイク
進擊的巨人 ▼進撃の巨人
四葉妹妹 ▼よつばと！

ボーカロイド

初音未來 ▼初音ミク
鏡音鈴、連 ▼鏡音リン・レン
巡音流歌 ▼巡音ルカ

あとがき

この夏はきわめて多忙であった。新書2冊の原稿執筆と校正作業、および関西財界が出資する「アジア太平洋研究所」（ＡＰＩＲ）の研究助成を得て、韓国・マレーシア・シンガポール、および台湾にも調査に出かけたからである。一時期は我ながら不可能にも思えたが、要は睡眠時間を削ればいいだけであった。おかげで何とかなった。とはいえ本の執筆のほうは、従来の拙著ほどはじっくり時間が割けなかった。そのため校正段階でワニプラスの佐藤寿彦氏およびフリー編集者の赤羽高樹氏に負担をかけてしまった。また、読みにくい部分も出てきたと思う。その点、関係者には感謝を、読者諸氏にはお詫びを申し上げたい。

ただし内容的には、これまで筆者が記者経験を生かして「足で稼いだ」生の話を盛り込んだので、面白いものに仕上がったものと自負している。また、クールジャパンや世界のアニメファンを扱った類書には、個別事例や一国に限定されたものが多いが、数値も織り込み世界の多くの国を俯瞰《ふかん》する、本邦初のものになったと思う。関連業界や政府の戦略立案の一助となれば幸いである。

第3章で取り上げたが、韓流に日本文化が押されているという一部で広がっている説については、本文でも触れたように、筆者としては今後ともさらなる研究と調査が必要だと思っている。そこで重要な鍵は、やはり中間層だろうと考える。学歴も高く、生活にもある程度の余裕があり、文化的な素養と欲求も強い中間層こそが、日本の強みであり、アジア諸国の今後の発展を左右する。

学期中もまた多忙となろう。地元自治体などからやはり活動資金を得て、ゼミ生らを県内各地に連れていく予定だ。２０１３年度は石川県が〝聖地〟になっているアニメ「花咲くいろは」に関連した場所をめぐる予定だ。

今後とも春・夏・冬の休暇中は調査研究、学期中は授業だけに満足することなく、学生を積極的に社会各地に出して訓練することに時間を費やすことになろう。

大学で教え始めて1年たち気づかされたことは、最近の学生については、いわゆる「学校（高校まで）のお勉強が苦手だったこと」が「地頭が悪いか、使えないこと」に必ずしもならないということだ。30年前ならいわゆる大学の受験難易度とその後の生涯所得は比例していたと思うが、受験戦争が極限まで進行した結果、テクニックや瑣末な知識や記憶力ばかりが問われ、もはや偏差値の高低がその人間の社会における能力を示さなくなってしまった、ともいえる。

また漢字が苦手、お勉強が嫌いでも、絵を描かせればなかなかの学生もいる。文章力や漢字力だけが、自己表現力ではない以上、そうした学生を慫慂《しょうよう》し、能力を引き出し、伸ばしていくこともまた教育であろう。しかし残念ながら、そのことに気づいている教育者はまだまだ少ない。

現代社会に必要なのは、単なる知識の総量でなく、知恵と創造性である。この部分では、偏差値の上下に限らずきわめて機会が平等になっている。

国民の多くが一定以上の教養と、それを生かす機会に恵まれている現在の日本は、良い国である。それが本書のテーマであるアニメの魅力につながっているといえる。

成長よりも成熟、人間の優しさと温かさ。これが、これからの日本に必要なことだと思う。

秋が訪れた金沢にて　　酒井　亨

中韓以外みーんな親日

クールジャパンが世界を席巻中！

著者　酒井　亨

２０１３年10月25日　初版発行
２０１３年12月１日　３版発行

酒井　亨（さかい・とおる）
金沢学院大学経営情報学部准教授。１９６６年、石川県金沢市生まれ。早稲田大学政治経済学部卒業、台湾大学法学大学院修士課程修了。大学卒業後、共同通信社記者。２０００年より、台湾在住フリージャーナリストとして、台湾を中心にアジアの政治、経済、文化事情を取材、雑誌記事、書籍を発表してきた。２０１０年度後期神戸大学大学院国際協力研究科客員教授。２０１３年から現職。著書に、『台湾したたかな隣人』（集英社新書）、『「親日」台湾の幻想』（扶桑社新書）、『台湾人には、ご用心』（三五館）など。

発行者　佐藤俊彦
発行所　株式会社ワニ・プラス
〒１５０-８４８２
東京都渋谷区恵比寿４-４-９えびす大黒ビル７Ｆ
電話　０３-５４４９-２１７１（編集）
発売元　株式会社ワニブックス
〒１５０-８４８２
東京都渋谷区恵比寿４-４-９えびす大黒ビル
電話　０３-５４４９-２７１１（代表）
装丁　橘田浩志（アティック）
小栗山雄司
編集協力　株式会社スタジオ・フォンテ
印刷・製本所　大日本印刷株式会社

ISBN 978-4-8470-6066-3
ワニブックス【PLUS】新書ＨＰ　http://www.wani-shinsho.com